法律专家为民说法系列丛书

# 法律专家
## 教您如何区分
## 刑事犯罪罪名及定罪

由龙运 李晓磊 陈凤久 编著

吉林文史出版社

**图书在版编目（ＣＩＰ）数据**

法律专家教您如何区分刑事犯罪罪名及定罪 / 由龙运，李晓磊，陈凤久编著. — 长春：吉林文史出版社

（法律专家为民说法系列丛书 / 张宏伟，吴晓明主编）

ISBN 978-7-5472-2775-6

Ⅰ．①法… Ⅱ．①由… ②李… ③陈… Ⅲ．①刑事犯罪—罪名—中国 Ⅳ．①D924

中国版本图书馆 CIP 数据核字（2015）第 093829 号

## 法律专家教您如何区分刑事犯罪罪名及定罪

| | |
|---|---|
| 编　　著 | 由龙运　李晓磊　陈凤久 |
| 责任编辑 | 于　涉　李相梅 |
| 责任校对 | 宋茜茜 |
| 丛书主编 | 张宏伟　吴晓明 |
| 封面设计 | 清　风 |
| 美术编辑 | 李丽薇 |
| 出版发行 | 吉林文史出版社（长春市人民大街4646号） |
| | 全国新华书店经销 |
| 印　　刷 | 三河市祥宏印务有限公司 |
| 开　　本 | 720mm×1000mm　1/16 |
| 印　　张 | 12 |
| 字　　数 | 100 千字 |
| 标准书号 | ISBN 978-7-5472-2775-6 |
| 版　　次 | 2015 年 7 月第 1 版 |
| 印　　次 | 2018 年 6 月第 3 次 |
| 定　　价 | 35.00 元 |

如发现印装质量问题，影响阅读，请与印刷厂联系调换。

# 法律专家为民说法系列丛书

## 编委会

**主　编：**

张宏伟　　吴晓明

**副主编：**

马宏霞　　孙志彤

**编　委：**

| | | | |
|---|---|---|---|
| 迟　哲 | 赵　溪 | 刘　放 | 郝　义 |
| 迟海英 | 万　菲 | 秦小佳 | 王　伟 |
| 于秀生 | 李丽薇 | 张　萌 | 胡金明 |
| 金　昊 | 宋英梅 | 张海洋 | 韩　丹 |
| 刘思研 | 邢海霞 | 徐　欣 | 侯婧文 |
| 胡　楠 | 李春兰 | 李俊焘 | 刘　岩 |
| 刘　洋 | 高金凤 | 蒋琳琳 | 边德明 |

PREFACE

# 【前 言】

　　刑法是规定犯罪、刑事责任和刑罚的法律,刑法有广义刑法与狭义刑法之分。广义刑法是指一切规定犯罪、刑事责任和刑罚的法律规范的总和,包括刑法典、单行刑法以及非刑事法律中的刑事责任条款。狭义刑法是指刑法典。我国《刑法》是根据《中华人民共和国宪法》的规定制定并颁布实施的,于(1979 年 7 月 1 日第五届全国人民代表大会第二次会议通过,1997 年 3 月 14 日第八届全国人民代表大会第五次会议修订)并历经八次修正,共计四百五十二条。

　　刑法的根本任务是用刑法同一切犯罪行为作斗争,以保卫国家安全,保证人民民主专政的政权和社会主义制度,保护国有财产和劳动群众集体所有的财产,保护公民私人所有的财产,保护公民的人身权利、民主权利和其他权利,维护社会秩序、经济秩序,保障社会主义建设事业的顺利进行。

刑法作为我国社会法律体系不可或缺的一部分直接关系着公民的生命安全和财产安全,其在一个国家的重要作用不言而喻,然而说起刑法,人们只知道它是我国现今惩罚手段最严厉的一部法律,若不是专业人士很少有人会清楚了解自己的哪些行为触犯了刑法,涉嫌什么罪名,又会得到怎样的惩罚。我国是法治国家,无论是企业还是自然人都应该增强自己的法律意识,也只有遵纪守法并在法律允许的限度内才能更好地实现理想,有多少人由于法律意识淡薄最终走向了犯罪的道路,在铁窗里悔恨地度过余生。因此为了帮助广大读者了解和掌握《刑法》及其司法解释的内容,我们精心编写了本书,本书以理论加案例的形式既深刻又生动地讲解了《刑法》的理解与适用,使读者能够快速全面地掌握《刑法》。

由于编者水平有限,书中的不足之处还请广大读者批评指正。

# 目录
## CONTENTS

## 一、如何正确区分故意犯罪、过失犯罪和无过错事件？

❀　　❀　　❀

故意犯罪：是指行为人在故意的心理状态下实施的犯罪，是犯罪构成要件中主观方面的一种心理状态。

《刑法》第 14 条【故意犯罪】明知自己的行为会发生危害社会的结果，并且希望或者放任这种结果的发生，因而构成犯罪的，是故意犯罪。故意犯罪应当负刑事责任。

根据《刑法》规定，故意犯罪必须同时具备以下两个特征：

1.行为人对自己的行为会发生危害社会的结果，必须是明知的。这种明知既包括明知必然会发生危害社会的结果，也包括明知可能会发生危害社会的结果。

2.行为人必须是希望或者放任这种危害结果的发生。不论行为人明知的是危害结果必然发生，还是可能发生，只要希望或者放任这种危害结果的发生，就构成故意犯罪。希望危害结果发生和放任危害结果发生在程度上是有区别的，这种区别就是《刑法》上通常说的"直接故意"和"间接故意"。"直接故意"是指行为人明知自己的行为必然或者可能会发生危害社会的结果，而希望这种结果的发生。"间接故意"是指行为人明知自己的行为可能会发生危害社会的结果，而采取漠不关心、听之任之的放任态度，结果发不发生，都不违背行为人的意志。我国《刑法》没有直接使用"直接故意"和"间接故意"的概念，但在对故意犯罪的规定中,对这两种心理差别是作出规定的。区别"直接故意"和"间接故意"对判断行为人的主观恶性大小以及决定量刑,具有一定意义。

**案例:**

甲(32岁,精神正常)怀疑其妻子有外遇,为了杀死妻子,准备了一碗投了毒药的八宝粥端给妻子,这时他们的孩子却跑过来要与妈妈一起吃。甲明知孩子也会中毒,由于杀妻心切而不吱声。最终妻子和孩子都死亡。

**解析:**

此案中甲主观上对其妻子是希望其死亡属于直接故意,对其孩子是漠不关心则构成间接故意。对妻子和孩子是都构成故意杀人罪,应负刑事责任。

过失犯罪,是指行为人在过失的心理状态下实施的犯罪,是犯罪构成要件中主观方面的一种心理状态。

《刑法》第15条【过失犯罪】应当预见自己的行为可能发生危害社会的结果,因为疏忽大意而没有预见,或者已经预见而轻信能够避免,以致发生这种结果的是过失犯罪。过失犯罪分为疏忽大意的过失和过于自信的过失。过失犯罪,法律有规定的才负刑事责任。(1)疏忽大意的过失是指应当预见自己的行为可能发生危害社会的结果,因为疏忽大意而没有预见,以致发生危害结果。"应当预见"要求根据具体情况,确认行为人对自己的行为可能发生危害社会的结果是否有能力做出判断,包括根据行为人的年龄、工作职责、文化程度、知识水平、工作经验、生活经验等因素。"疏忽大意"就是通常所说粗心大意、忽略、忘记、没想到等。应当预见是前提,疏忽大意是原因,没有预见是事实。(2)过于自信的过失是指已经预见自己的行为可能发生危害社会的结果,但轻信能够避免,以致发生危害结果。过失犯罪法律有规定的才负刑事责任。

**案例:**

甲酒量一般,开车去参加同学毕业20周年的聚会,由于同学聚会很开心,就多喝了几杯,有些半醉。席散后,自认为没事就开车送要好的朋友乙回家,途中遇一大转弯,刹车不及,车辆失去控制,摔倒在桥下,乙摔成重伤。

**解析:**

此案中甲的行为属于过失犯罪,是过于自信的过失造成乙的伤亡,由于过失犯罪法律有规定的才负刑事责任,那么,此案中甲应以过失致人重伤罪定罪处罚。

《刑法》第16条【意外事件】行为在客观上虽然造成了损害结果,但是不是出于故意或者过失,而是由于不能抗拒或者不能预见的原因所引起的,不是犯罪。

无罪过事件包括不可抗力和意外事件两种情形。(1)不可抗力:主观上能够预见但是客观上不能避免,即看行为人主观的避免能力和客观的避免条件和环境。(2)意外事件:根据当时的实际情况,行为人对危害结果的发生根本不可能预见,而且在当时的具体环境和条件下,也不能要求他预见,即行为人不存在预见义务和预见能力。因此,在无过错事件中行为人对所造成的危害结果不负刑事责任。

**案例:**

甲某系某厂司机,某日深夜驾车返回厂里,在倒车进入车库时将睡在车库麻袋中的乙某轧死。后查明乙系乞丐,偷偷溜进车库过夜,并钻入车库麻袋中取暖。

**解析:**

此案中甲某对乙某的死亡是属于不能预见的原因引起的意外事件,根据法律的规定,其对乙某的死亡不应负刑事责任。

## 二、未成年人犯罪如何定罪、量刑?

未成年人是指未满十八周岁的公民。

《刑法》第 17 条 已满十六周岁的人犯罪,应当负刑事责任。

已满十四周岁不满十六周岁的人,犯故意杀人、故意伤害致人重伤或死亡、强奸、抢劫、贩卖毒品、放火、爆炸、投毒罪的,应当负刑事责任。

已满十四周岁不满十八周岁的人犯罪,应当从轻或者减轻处罚。

因不满十六周岁不予刑事处罚的,责令他的家长或者监护人加以管教;在必要的时候也可以由政府收容教养。

注意:1. 刑事年龄的起算点是生日的第二日。2. 已满十四周岁不满十六周岁的人能够构成的几种犯罪主观方面要求的都是故意,不包括过失。3. 对于没有充分证据证明被告人实施指控的犯罪时已达到法定刑事责任年龄且确实无法查明的,应当推定其没有达到相应法定刑事责任年龄。4. 未成年人犯罪只有罪行极其严重的,才可以适用无期徒刑。对已满十四周岁不满十六周岁的人犯罪一般不判处无期徒刑。5. 对未成年犯的减刑、假释在掌握标准上可以比照成年犯依法适度放宽。6. 被告人对被害人物质损失的赔偿情况,可以作为量刑情节予以考虑。

**案例:**

甲(1988 年 6 月 2 日出生)与乙(1997 年 9 月 26 日出生)共谋盗窃,2011 年 9 月 26 日,乙在外面望风,甲入室行窃,在盗窃的过程中,主人醒来惊呼抓贼,甲迅速逃跑,乙看到甲逃跑也逃跑,此时邻居已经纷纷出来帮忙拦截,乙对拦截的丙实施暴力,导致丙重伤。

**解析:**

此案中乙已满 14 周岁未满 16 周岁,根据法律规定,对于盗窃乙不负刑事责任,在盗窃的过程中,为抗拒抓捕使用暴力致他人重伤的转化成抢劫罪,以抢劫罪定罪量刑。但本案中因为乙犯罪时未满 16 周岁,对盗窃罪不负刑事责任,所以,其不能转化成抢劫罪,而是应以故意伤害罪定罪处罚。

## 三、精神病人、醉酒的人、聋哑人和盲人犯罪如何定罪、量刑？

精神病人是指由各种有害因素所致的大脑功能紊乱，临床表现为精神活动异常的人。具体表现为感知觉、思维、注意、记忆、情感、行为和意志、智能以及意识等方面不同程度的障碍。由于心理活动障碍，致使患者歪曲地反映客观现实，丧失社会适应能力，或伤害自身和扰乱社会秩序者。

《刑法》第 18 条　精神病人在不能辨认或者控制自己行为的时候造成危害结果，经法定程序鉴定确认的，不负刑事责任，但是应当责令他的家属或监护人严加看管和医疗；在必要的时候由政府强制医疗。

间歇性的精神病人在精神正常的时候犯罪，应当负刑事责任。

尚未完全丧失辨认或控制自己行为能力的精神病人犯罪的，应当负刑事责任，但是可以从轻或减轻处罚。

醉酒的人犯罪应当负刑事责任。

《刑法》第 19 条　又聋又哑的人犯罪或者盲人犯罪，可以从轻、减轻或者免除处罚。

注意：1. 间歇性精神病人：在精神正常时，属于完全有刑事责任能力，应当负刑事责任。2. 醉酒的人：(1)生理性醉酒，即在日常生活中的醉酒，属于完全有刑事责任能力，应当负刑事责任，对其没有从轻、减轻处罚的规定。(2)病理性醉酒，是指因酒精中毒导致幻觉、妄想等精神性疾病，是精神病的一种。属于完全无刑事责任能力，依法不负刑事责任。3. 又聋又哑的人犯罪可以从轻、减轻或免除处罚,而只聋不哑的人犯罪不能从轻或减轻处罚。

**案例:**

精神病人甲自认为与被害人乙有矛盾,竟在光天化日之下在大街上一猪肉摊前持菜刀一路砍杀被害人乙,后被派出所协警制服。由于甲虽然是精神病人,具有限定刑事责任能力,故意杀人未遂,但是同样受到法律的制裁。最后人民法院一审以被告人甲犯故意杀人罪,判处有期徒刑三年零六个月。

**解析:**

此案中精神病人甲持刀连续多次砍伤他人要害部位,故意非法剥夺他人生命,其行为已构成故意杀人罪。其已经着手实施犯罪,但是由于被派出所协警制止而未能得逞,属犯罪未遂,可以比照既遂犯从轻或者减轻处罚。甲患有精神分裂症,在案发时处于发病期,尚未完全丧失辨认或控制自己行为的能力,应当负刑事责任,但是可以从轻或减轻处罚。

## 四、如何区分犯罪的预备、未遂和中止?

三者都是犯罪过程中的形态,都不具备刑法所规定的一个犯罪的全部构成要件。

《刑法》第22条【犯罪预备】为了犯罪,准备工具、制造条件的,是犯罪预备。

对于预备犯,可以比照既遂犯从轻、减轻处罚或者免除处罚。

1.犯罪预备:未着手实行犯罪是由于犯罪分子意志以外的原因,具体包括:(1)作案条件不成熟;(2)自身能力的限制;(3)外部因素介入阻碍继续进行,等等。2.对预备犯的处罚,可以比照既遂犯从轻、减轻或免除处罚。

**案**例:

方某发现李某是个寡妇,一人独居,欲入户抢劫。敲门后,门打开,出来一人,方某一看对方是个彪形大汉(李某的情人),便想放弃,走忙说:"对不起,敲错门了。"但彪形大汉感觉方某可疑,便将其扭送至派出所。那么此案中方某的行为就是由于外部因素的介入而阻碍犯罪继续进行,只构成犯罪预备。由于没有造成刑法上认为的社会危害结果,可以免除处罚。

**解**析:

《刑法》第23条【犯罪未遂】已经着手实行犯罪,由于犯罪分子意志以外的原因而未得逞的,是犯罪未遂。

对于未遂犯,可以比照既遂犯从轻或者减轻处罚。

犯罪未遂的判断标准:(1)已经着手实行犯罪;(2)由于意志以外的原因未能得逞。意志以外的原因包括:第一,外在的自然因素;第二,第三人的行为;第三,被害对象自身因素;第四,行为人自身因素。未得逞,是指犯罪没有既遂,即行为人希望或者放任的、行为性质所决定的实害结果没有发生,犯罪目的未能达到。

《刑法》第24条【犯罪中止】在犯罪过程中,自动放弃犯罪或自动有效地防止犯罪结果发生的,是犯罪中止。

对于中止犯,没有造成损害的,应当免除处罚;造成损害的,应当减轻处罚。

1. 犯罪中止既可以发生在犯罪预备阶段、实行阶段,还可以发生在行为已经实行终了但法定犯罪结果尚未发生时。

2. 中止的特点:及时性(犯罪过程中)、自动性(能达目的而不欲)、客观性(存在终止行为)、有效性,其中最根本的特征就是有效性。

3. 中止的自动性,是指行为人认识到客观上可能继续实施犯罪或者可能既遂,但自愿放弃原来的犯罪意图。一般体现在以下几个方面:(1)基于怜悯、惊愕或恐惧而放弃犯罪;(2)基于嫌恶之情而放弃犯罪;(3)担心现场发觉而使自己的名誉受到损害或者担心日后被告发、逮捕或受处罚而放弃犯罪;(4)发现对方是熟人而放弃犯罪。

4. 犯罪中止也可能发生危害结果,只是没有发生符合刑法分则所规定的具体犯罪构成的危害结果。

5.犯罪未遂与犯罪中止的区别是:中止是能达目的而不欲;犯罪未遂是欲达目的而不能。能与不能看客观而不是看主观。

**案例:**

甲给乙5万元让乙"教训"金某。乙收钱后,给丙2万元让丙"教训"金某。后甲后悔,告诉乙取消行动。乙说"知道了",但未转告丙。丙仍按原计划将金某打成重伤。

**解析:**

本案中甲的行为构成犯罪既遂,即构成故意伤害罪,因为虽然甲后悔并告诉乙取消行动,但是由于乙的原因并未转告丙,最后导致金某重伤的结果已经实现,甲的行为并未有效阻止犯罪结果的发生,不能构成犯罪中止,应以犯罪既遂进行定罪量刑。

## 五、共同犯罪如何定罪、量刑? 如何区分共犯中的自首和立功?

(一)共同犯罪

《刑法》第25条【共同犯罪概念】二人以上共同故意犯罪。二人以上共同过失犯罪,不以共同犯罪论处;应当负刑事责任的,按照他们所犯的罪分别处罚。

即只要两人就部分犯罪具有共同的行为和故意(具有重合性质),便就重合的犯罪成立共同犯罪。在成立共同犯罪的前提下,又可以各自分别定罪。1.不构成故意犯罪的几种情形:(1)共同过失犯罪;(2)故意犯罪行为与过失犯罪行为;(3)同时犯;(4)先后故意实施相关犯罪行为,但彼此没有主观联系;(5)超出共同犯罪故意之外的犯罪;(6)事前无通谋的窝藏、包庇、窝藏赃物、销售赃物等行为,但如果事前有通谋的,则成立共同犯罪。2.共同犯罪,不要求二人以上都达到法定责任年龄,如果有一个人没达到法定责任年龄,只能构成客观层次上的共同犯罪。

**案例:**

甲、乙、丙商议"教训"丁。三人来到丁家,甲在门外望风,乙、丙进入,殴打丁,丁拿起菜刀激烈反抗,乙、丙非常气愤并一起用板凳将丁拍死。

**解析：**

此案中由于甲、乙、丙最初只是想"教训"丁，而不是将其打死，因此三人应当属于故意伤害罪的共犯。乙和丙却将丁打死，二人构成故意杀人罪的共犯，而甲对丁的死亡不负刑事责任，对甲应以故意伤害罪定罪处罚，乙、丙应以故意杀人罪定罪处罚。

（二）自首和立功

《刑法》第67条【自首】犯罪以后自动投案，如实供述自己罪行的，是自首。对于自首的犯罪分子，可以从轻或者减轻处罚。其中，犯罪较轻的可以免除处罚。

被采取强制措施的犯罪嫌疑人、被告人和正在服刑的罪犯，如实供述司法机关还未掌握的本人其他罪行的，以自首论。

《刑法》第68条【立功】犯罪分子有揭发他人犯罪行为，查证属实的，或者提供重要线索，从而得以侦破其他案件等立功表现的，可以从轻或者减轻处罚；有重大立功表现的，可以减轻或者免除处罚。

犯罪后自首又有重大立功表现的，应当减轻或者免除处罚。

1. 一般自首和坦白的区别：所供述的罪行如果是未掌握的，是自首；如果是已经掌握的，是坦白。注意：如实供述的必须是不同种罪行，否则不以特别自首对待，但是可以酌情从轻处罚。

2. 对自首者的处罚具有层次性：(1)第一层次既一般情况下可以从轻或减轻处罚；(2)原来犯罪较轻的，可以免除处罚；(3)犯罪后自首又有重大立功表现的，应当减轻或者免除处罚。

3. 如果犯数罪，交代其中一个或几个罪的，就只针对这一个或几个罪成立自首,即"立功及一人,自首及一罪"。

4. 在共同犯罪中,共犯人其中之一成立立功的情形有:(1)揭发同案犯的共同犯罪以外的犯罪;(2)协助抓捕同案犯。

5. 自首和立功的法律后果:(1)只有自首或者只有一般立功,都可以从轻或者减轻;(2)重大立功可以减轻或免除处罚;(3)自首加重大立功,应当减轻或免除处罚。注意:自首加一般立功也可以从轻或减轻。

**案例:**

甲因诈骗被逮捕。在侦查人员对其审讯期间,他又交代了自己与乙共同抢劫的犯罪事实,并提供了乙可能的藏身处所。根据这一线索,侦查机关顺利将乙逮捕归案。

**解析:**

此案中甲如实供述侦查机关还未掌握的本人的其他罪行,应认定为自首;其提供乙可能的藏身住所,使侦查机关顺利将乙逮捕归案,应当认定为有立功表现。因此,甲既有自首又有立功表现,根据法律规定应当减轻或者免除处罚。

## 六、刑罚的种类有哪些? 具体是如何适用的?

刑罚分为主刑和附加刑。

主刑的种类如下:(一)管制;(二)拘役;(三)有期徒刑;(四)无期徒

刑;(五)死刑。

附加刑的种类如下:(一)罚金;(二)剥夺政治权利;(三)没收财产。附加刑也可以独立适用。对于犯罪的外国人,可以独立适用或者附加适用驱逐出境。由于犯罪行为而使被害人遭受经济损失的,对犯罪分子除依法给予刑事处罚外,并应根据情况判处赔偿经济损失。承担民事赔偿责任的犯罪分子,同时被判处罚金,其财产不足以全部支付的,或者被判处没收全部财产的,应当承担对被害人的民事赔偿责任。

1. 管制

管制的期限,为三个月以上二年以下。数罪并罚时不得超过三年。

被判处管制的犯罪分子由公安机关执行。

被判处管制的犯罪分子,在执行期间,应当遵守下列规定:

(1)遵守法律、行政法规、服从监督;

(2)未经执行机关批准,不得行使言论、出版、集会、结社、游行、示威自由的权利;

(3)按照执行机关规定报告自己的活动情况;

(4)遵守执行机关关于会客的规定;

(5)离开所居住的市、县或者迁居,应当报经执行机关批准。

对于判处管制的犯罪分子,在劳动中应当同工同酬。管制期满,执行机关应立即向本人和其所在单位或者居住地的群众宣布解除管制。管制的刑期,从判决执行之日起计算;判决执行以前先行羁押的,羁押一日折抵刑期两日。

**解析:**

管制的特点:(1)不予羁押,即不剥夺犯罪人的人身自由;(2)限制犯罪人的一定自由,使犯罪有别于免于刑事处罚;(3)具有一定期限,不是对犯罪人进行无期限的管制;(4)由公安机关执行和群众监督。被进行管制的犯罪分子仍然有选举权和被选举权。

### 2. 拘役

拘役的期限为一个月以上六个月以下。数罪并罚时不得超过一年。被判处拘役的犯罪分子,由公安机关就近执行。在执行期间,被判处拘役的犯罪分子每月可以回家1至2天;参加劳动的,可以酌量发给报酬。拘役的刑期,从判决执行之日起计算;判决执行以前先行羁押的,羁押一日折抵刑期一日。

**解**析:

拘役是短期剥夺自由的刑罚,由公安机关就近执行。刑期的起算是从判决执行之日起计算,而不是判决确定之日。

### 3. 有期徒刑

有期徒刑,是剥夺犯罪分子一定期限的人身自由,实行强制劳动改造的刑罚方法。

有期徒刑是剥夺人身自由的主刑,其刑罚幅度变化较大,从较轻犯罪到较重犯罪都可以适用。所以,在我国刑罚体系中,有期徒刑居于中心地位。

有期徒刑的刑期从判决执行之日起计算,判决前先行羁押的,羁押1日折抵刑期1日。被判处有期徒刑的犯罪分子,在监狱或其他劳动改造场所执行。凡有劳动能力的,都应劳动改造。服刑期间,确有真诚悔改或立功表现的,可以减刑;符合一定条件的,也可以假释。

**解析：**

（1）它在一定期限内对罪犯实行关押，剥夺其人身自由。

（2）有期徒刑的刑期幅度大，具有广泛适用性。有期徒刑的刑期上限与无期徒刑相接，下限与拘役相联，中间跨度很大，具有较大的可分性。它既可作为重刑适用于严重的犯罪行为，也可作为中度刑罚适用于危害居中的犯罪行为，还可以作为轻刑适用于危害较小的犯罪行为。因此，有期徒刑在我国刑罚体系中是一种适用范围最广泛的刑罚方法。《刑法》分则中，凡是规定了法定刑的，都规定了有期徒刑。

（3）罪犯应强制接受教育和劳动改造。被判处有期徒刑的犯罪分子，凡是有劳动能力的，都应当参加劳动，接受教育和改造。这种劳动是强制性的，体现了我国对罪犯实行劳动和教育改造的政策。

有期徒刑一般为六个月以上十五年以下。有期徒刑总和刑期不满三十五年的，最高不能超过二十年，总和刑期在三十五年以上的，最高不能超过二十五年。

**4. 无期徒刑**

无期徒刑是介于有期徒刑和死刑之间的一种严厉的刑罚。无期徒刑是剥夺犯罪分子终身自由并强制劳动改造的刑罚方法。无期徒刑的刑期从判决宣判之日起计算，判决宣判前先行羁押的日期不能折抵刑期，无期徒刑减为有期徒刑后，执行有期徒刑，先行羁押的日期也不予折抵刑期。

**解析：**

无期徒刑具有以下特点：

（1）剥夺犯罪分子的自由。即将犯罪分子关押在一定的场所，使其没有人身自由。

（2）剥夺自由是没有期限的，即剥夺犯罪分子的终身自由。需要指出的是，无期徒刑虽然就其词语意义上讲，是剥夺终身自由，实行无期限的关押，但是实际上并不是将其所有被判处无期徒刑的犯罪分子都关押到死，而是只要犯罪分子有悔过自新的表现，就可以回归社会。根据《刑法》的规定，被判处无期徒刑的犯罪分子，在服刑期间的表现符合法定条件的，可以适用减刑或假释。此外，在国家发布特赦令的情况下，符合特赦条件的无期徒刑罪犯，可以被特赦释放。从我国执行无期徒刑的实际情况来看，大量的罪犯并没有被关押到死，而是回到了社会。所以说，判处无期徒刑并不意味着断绝了犯罪分子的再生之路。

（3）强迫参加劳动，接受教育改造。被判处无期徒刑的犯罪分子，除无劳动能力的以外，都必须参加无偿劳动，接受教育和改造。

（4）羁押时间不能折抵刑期。由于无期徒刑无刑期可言，因此判决执行之前先行羁押的时间不存在折抵刑期的问题。

（5）必须附加剥夺政治权利。根据《刑法》第 57 条的规定，被判处无期徒刑的犯罪分子，必须附加剥夺政治权利终身。根据《最高法院关于办理减刑、假释案件具体应用法律规定》，无期徒刑减刑有如下情形：

无期徒刑罪犯在执行期间，如果确有悔改表现的，或者有立功表现的，服刑二年以后，可以减刑。减刑幅度为：对确有悔改表现的，或者有立功表现的，一般可以减为二十年以上二十二年以下有期徒刑；对有重大立功表现的，可以减为十五年以上二十年以下有期徒刑。

无期徒刑罪犯经过一次或几次减刑后，其实际执行的刑期不能少于十三年,起始时间应当自无期徒刑判决确定之日起计算。

### 5. 死刑

死刑是剥夺犯罪人生命的刑罚方法,包括立即执行和缓期二年执行两种情况,只适用于罪行极其严重的犯罪分子。对于应当判处死刑的犯罪分子,如果不是必须立即执行的,可以判处死刑同时宣告缓期二年执行。死刑缓期执行的期间,从判决确定之日起计算。死刑缓期执行减为有期徒刑的刑期,从死刑缓期执行期满之日起计算。

(1)死刑除依法由最高人民法院判决的以外,都应当报请最高人民法院核准。死刑缓期执行的,由高级人民法院核准;审判时未满十八周岁的未成年人、怀孕的妇女不适用死刑,审判时已满七十五周岁的人,不适用死刑,但犯罪手段特别残忍的除外。

(2)对于被判处死刑缓期执行的犯罪分子,有三种处理结果:判处死刑缓期执行的,在死刑缓期执行期间,如果没有故意犯罪,二年期满以后,减为无期徒刑;如果确有重大立功表现,二年期满以后,减为二十五年有期徒刑;如果故意犯罪,查证属实的,由最高人民法院核准,执行死刑。

对被判处死刑缓期执行的累犯以及因故意杀人、强奸、抢劫、绑架、放火、爆炸、投放危险物质或者有组织的暴力性犯罪被判处死刑缓期执行的犯罪分子,人民法院根据犯罪情节等情况可以同时决定对其限制减刑。

### 6. 罚金

罚金是指强制犯罪人向国家缴纳一定数额金钱的刑罚方法。罚金作为一种财产刑,是以剥夺犯罪人金钱为内容的,这是罚金与其他刑罚方法显著区别之所在。

**特点：**

（1）罚金与没收财产一样,都是人民法院对犯罪分子采取的强制性财产惩罚措施。

（2）按照我国《刑法》"罪责自负,反对株连"的原则,罚金同没收财产一样,也只能执行犯罪分子个人所有的财产,不能执行犯罪分子家属所有或者后有的财产。

（3）罚金的范围只能是强制犯罪分子缴纳个人所有的一定数额的金钱。如果没有钱款,可以对其拥有的合法财产采取查封、扣押、冻结、变卖、拍卖等措施,用变卖、拍卖的钱款折抵罚金。

（4）罚金的缴纳是在法院的判决生效之后,涉及的是刑罚的执行问题。判处罚金,应当根据犯罪情节决定罚金数额。

《刑法》第52条规定:"判处罚金,应当根据犯罪情节决定罚金数额。"根据本条规定,罚金数额应当与犯罪情节相适应。也就是说,犯罪情节严重的,罚金数额应当多些,犯罪情节较轻的,罚金数额应当少些,这是罪刑均衡原则在罚金裁量上的具体体现。在裁量罚金数额时应否考虑犯罪人缴纳罚金的能力,《刑法》没有明确规定,但2002年11月15日最高人民法院《关于适用财产刑若干问题的规定》第2条规定:"人民法院应当根据犯罪情节,如违法所得数额、造成损失的大小等,并结合考虑犯罪分子缴纳罚金的能力,依法判处罚金。"在司法实践中,从有利于判决执行的角度出发,在罚金裁量的时候应当考虑犯罪分子缴纳罚金的能力。

根据《刑法》第 53 条的规定,罚金的缴纳分为五种情况:

①限期一次缴纳。主要适用于罚金数额不多或者数额虽然较多,但是缴纳并不困难的情况。在这种情况下,罪犯在指定的期限内将罚金一次缴纳完毕。

关于这里的指定的期限,根据前引司法解释第 5 条的规定,是指从判决发生法律效力第二日起最长不超过三个月。

②限期分期缴纳。主要适用于罚金数额较多,罪犯无力一次缴纳的情况。限期分期缴纳使罚金缴纳时间有一定伸缩余地,在金额支付上可化整为零,有利于罚金刑的执行。

③ 强制缴纳。判决缴纳罚金,指定的期限届满,罪犯有缴纳能力而拒不缴纳,人民法院强制期缴纳,强制措施包括查封、扣押、冻结等。

④随时追缴。对于不能全部缴纳罚金的,人民法院在任何时候,发现被执行人有可以执行的财产,应当随时追缴。

⑤减少或者免除缴纳。由于遭遇不能抗拒的灾祸,缴纳确实有困难的,可以酌情减少罚金数额或者免除罚金。这里的由于遭遇不能抗拒的灾祸缴纳确实有困难的,根据前引司法解释第 6 条的规定,主要是指因遭受火灾、水灾、地震等灾祸而丧失财产;罪犯因重病、伤残等而丧失劳动能力,或者需要罪犯抚养的近亲属患有重病,需支付巨额医药费等,确实没有财产可供执行的情形。司法解释还规定,具有上述减免事由的,由罪犯本人、亲属或者犯罪单位向负责执行的人民法院提出书面申请,并提供相应的证明材料。人民法院审查以后,根据实际情况,裁定减少或者免除应当缴纳的罚金数额。

### 7. 剥夺政治权利

剥夺政治权利是指剥夺犯罪人参加国家管理和政治活动权利的刑罚方法。剥夺政治权利是一种资格刑,它以剥夺犯罪人的一定资格为内容。我国《刑法》中的剥夺政治权利,是以剥夺政治权利这种资格为内容的,具有明显的政治性。从《刑法》规定看,剥夺政治权利既可以附加适用,也可以独立适用。

剥夺政治权利包括剥夺以下四项权利:

①担任国家机关职务的权利。国家机关包括国家各级权力机关、行政机关、司法机关以及军事机关。担任国家机关职务,是指在上述国家机关中担任领导、管理以及其他工作职务。也就是说,被剥夺政治权利的人,不能担任国家机关工作人员中的任何职务。

②担任国有公司、企业、事业单位和人民团体领导职务的权利。被剥夺政治权利的人可以在国有公司、企业、事业单位和人民团体中继续工作,但是不能担任领导职务。

③选举权和被选举权。选举权是指选举法规定的,公民可以参加选举活动,按照本人的自由意志投票选举人民代表等职务的权利,即参加投票选举的权利,被选举权是指根据选举法的规定,公民可以被提名为人民代表等职务的候选人,当选为人民代表等职务的权利。选举权和被选举权是公民的一项基本政治权利,是公民参与国家管理的必要前提和有效途径,被剥夺政治权利的犯罪分子当然不能享有此项权利。

④言论、出版、集会、结社、游行、示威自由的权利。所谓言论自由,是公民以言语表达意思的自由;出版自由,是指以文字、音响、绘画等形

式出版作品,向社会表达思想的自由;结社自由,是指公民为一定宗旨组成某种社会组织的自由;集会自由和游行、示威自由,都是公民表达自己见解和意愿的自由,只是表达的方式不同。这六项自由,是我国宪法规定的公民的基本政治自由,是人民发表意见、参加政治活动和国家管理的自由权利,被依法剥夺政治权利的人不能行使这些自由。

对犯罪分子判处剥夺政治权利的时候,应当根据犯罪的性质、危害程度以及情节轻重,决定剥夺政治权利的期限,尤其是附加剥夺政治权利的刑期,应与所判处的主刑轻重相适应。

剥夺政治权利既可以附加适用,也可以独立适用。法律规定附加适用剥夺政治权利的,一般是较重的犯罪;独立适用剥夺政治权利的,一般都适用于较轻的犯罪。

### 8. 没收财产

没收财产是将犯罪分子个人所有财产的一部分或者全部强制无偿地收归国有的刑罚方法。没收财产也是一种财产刑,但它不同于罚金,是适用于罪行严重的犯罪分子的刑罚方法。

根据《刑法》第 59 条的规定,没收财产的范围应当从以下三个方面加以确定:

①没收财产是没收犯罪分子个人所有财产的一部或者全部。所谓犯罪分子个人所有财产,是指属于犯罪分子本人实际所有的财产及与他人共有财产中依法应得的份额。应当严格区分犯罪分子个人所有财产与其家属或者他人财产的界限,只有依法确定为犯罪分子个人所有的财产,才能予以没收。至于没收财产是一部分还是全部,应考虑以下

几个因素：犯罪分子所处主刑的轻重；其家庭的经济状况和其人身危险性的大小。

②没收全部财产的，应当对犯罪分子个人及其扶养的家属保留必需的生活费用，以维持犯罪分子个人和扶养的家属的生活。

③在判处没收财产的时候，不得没收属于犯罪分子家属所有或者应有的财产。所谓家属所有财产，是指纯属家属个人所有的财产，如家属自己穿用的衣物、个人劳动所得财产。家属应有财产，是指家庭共同所有的财产中应当属于家属的那一份财产。对于犯罪分子与他人共有的财产，属于他人所有的部分，也不得没收。

根据刑事诉讼法的规定，没收财产的判决，无论附加适用或者独立适用，都由人民法院执行；在必要的时候，可以会同公安机关执行。

关于需要以没收的财产偿还债务的问题，《刑法》第60条规定："没收财产以前犯罪分子所负的正当债务，需要以没收的财产偿还的，经债权人请求，应当偿还。"根据这一规定，只有同时具备了以下三个条件，才能以没收的财产偿还债务：(1)必须是没收财产以前犯罪分子所欠债务，包括所负国家、集体和个人的债务。(2)必须是合法的债务。非法债务，例如赌债、高利贷超出合法利息部分的债务不在此列。对此，2000年11月15日最高人民法院《关于适用财产刑若干问题的规定》第7条明确规定，《刑法》第60条规定的"没收财产以前犯罪分子所负的正当债务"，是指犯罪分子在判决生效前所欠他人的合法债务。(3)必须经债权人提出请求。偿还犯罪分子所负债务，仅限于没收财产的范围内，并按我国民事诉讼法规定的清偿顺序偿还。

## 七、什么是累犯？其处罚原则是什么？

所谓累犯，是指受过一定的刑罚处罚，刑罚执行完毕或者赦免以后，在法定期限内又犯被判处一定的刑罚之罪的罪犯。

我国《刑法》规定的累犯，可分为一般累犯和特别累犯两类。

一般累犯也称普通累犯，是指因犯罪受过一定的刑罚处罚，刑罚执行完毕或者赦免以后，在法定期限内又犯一定之罪的。根据《刑法》第65条的规定：一般累犯是指被判处有期徒刑以上刑罚的犯罪分子，刑罚执行完毕或者赦免以后，在5年内再犯应当判处有期徒刑以上刑罚之罪的犯罪分子。但是过失犯和未满十八周岁的人犯罪除外。前款规定的期限，对于被假释的犯罪分子，从假释期满之日起计算。

特别累犯是指因犯危害国家安全罪、恐怖活动犯罪、黑社会性质的组织犯罪被判处刑罚（对于刑罚种类没有要求），在刑罚执行完毕或赦免以后的任何时候再犯上述任一类罪之人。

累犯具有以下特征：

1. 是一种再犯罪的事实

累犯在客观上表现为再次犯罪（一般累犯两次必须都是故意犯罪，特殊累犯则没有要求），具有再犯罪的事实。犯罪人如果没有再次犯罪，就无累犯可言。因此，再次犯罪是累犯构成的事实前提。累犯虽然是再次犯罪，但是在一般情况下它和再犯还是有所不同的。再犯又称为重新犯罪，有广义与狭义之分，广义上的再犯包括累犯。从一定意义上说，累犯也是再犯,是一种特殊的再犯,累犯是再犯中最严重者。狭义上的再犯是指累犯以外的其他重新犯罪的人。累犯作为一种再犯罪的情形,它与前科具有一定的联系。前科是指曾被法院认定有罪并被判处刑罚的情形,凡是曾被法院依法定罪并被判处刑罚的人,均是有前科的人。因此,累犯以犯罪人有前科为前提。当然,累犯必定是有前科的人,有前科的人却未必都是累犯,应当加以注意。

2. 是一种犯罪人的类型

刑法上的累犯,经历了一个从注重犯罪特征到注重犯罪人特征的转变。现代刑法上的累犯,更多的是强调犯罪人的人身特征,将累犯视为人身危险性较大的一种犯罪人类型。应当指出,虽然都是犯罪人类型,累犯与惯犯是有所不同的。在犯罪学上,累犯与惯犯往往相提并论,容易混同,但在刑法学上,两者具有明显区分。惯犯是在审判之前的一个相当长的时间内反复多次地实施某一犯罪,这些反复实施的犯罪是未经处理的。因此,惯犯往往被作为一种犯罪类型,在罪数理论中讨论。累犯并非像惯犯那样,是审判前同一犯罪之关系,而是前后两个犯罪之关系。累犯一般都是作为量刑制度加以规定,是一种特殊的犯罪人类型。

3.是一种从重处罚的制度

累犯和一般犯罪人有所不同, 它是在犯罪已经被判处刑罚后的再次故意犯罪,表明犯罪人具有较为严重的人身危险性。累犯是一种从重处罚的刑罚制度。

累犯的法律后果:

对于累犯应当从重处罚,不得适用缓刑和假释。

# 八、什么是缓刑、减刑和假释？其适用条件是什么？

❈　　❈　　❈

（一）缓刑

称暂缓量刑，是指对触犯刑法，经法定程序确认已构成犯罪、应受刑罚处罚的行为人，先行宣告定罪，暂不执行所判处的刑罚。由特定的考查机构在一定的考验期限内对罪犯进行考查，并根据罪犯在考验期间内的表现，依法决定是否适用具体刑罚的一种制度。

《刑法》第72条　对于被判处拘役、三年以下有期徒刑的犯罪分子，根据犯罪分子的犯罪情节和悔罪表现，适用缓刑确实不致再危害社会的，可以宣告缓刑。被宣告缓刑的犯罪分子，如果被判处附加刑，附加刑仍须执行。

对象：1.3年以上有期徒刑或无期徒刑、累犯、犯罪集团首要分子，不适用缓刑；2.犯罪分子确有悔改表现，法院认为暂不执行所判刑罚也不致再危害社会；

《刑法》第73条　拘役的缓刑考验期限为原判刑期以上一年以下，但是不能少于两个月。有期徒刑的缓刑考验期限为原判刑期以上五年以下，但是不能少于一年。缓刑考验期限从判决确定之日起计算。

（二）减刑

减刑是《刑法》规定的刑罚执行过程中的一项措施。是对被判处管制、拘役、有期徒刑、无期徒刑的犯罪分子，在执行期间确有悔改或者立功表现的,适当减轻其原判刑罚的制度。

被判处管制、拘役、有期徒刑、无期徒刑的犯罪分子,在执行期间,如果认真遵守监规,接受教育改造,确有悔改表现的,或者有立功表现的,可以减刑。有下列重大立功表现之一的,应当减刑:

①阻止他人重大犯罪活动的;

②检举监狱内外重大犯罪活动,经查证属实的;

③有发明创造或者重大技术革新的;

④在日常生产、生活中舍己救人的;

⑤在抗御自然灾害或者排除重大事故中有突出表现的;

⑥对国家和社会有其他重大贡献的。

减刑以后实际执行的刑期不能少于下列期限:

①判处管制、拘役、有期徒刑的,不能少于原判刑期的二分之一;

②判处无期徒刑的,不能少于十三年;

③人民法院依照本法第五十条第二款规定限制减刑的死刑缓期执行的犯罪分子,缓期执行期满后依法减为无期徒刑的,不能少于二十五年,缓期执行期满后依法减为二十五年有期徒刑的,不能少于二十年。

减刑的程序:

对于被判处无期徒刑的罪犯的减刑案件由服刑地高级人民法院管辖,对于被判处有期徒刑、拘役、管制的罪犯的减刑案件由服刑地中级人民法院管辖。

对于被判处无期徒刑的罪犯的减刑,执行机关应当提出经省、自治区、直辖市监狱管理机关审核同意的监狱减刑建议书;对于被判处有期徒刑(包括减为有期徒刑)、拘役、管制的罪犯的减刑,执行机关应当提出减刑建议书;被宣告缓刑的罪犯,在缓刑考验期限内确有重大立功表现,需要予以减刑,并相应缩短缓刑考验期限的,应当由负责考查的公安派出所会同罪犯的所在单位或者基层组织提出书面意见,由中级人民法院依法裁定;对于公安机关看守所监管的罪犯的减刑,由罪犯所在的看守所提出意见,并由中级人民法院依法裁定。

人民法院受理减刑案件,应当审查执行机关移送的材料是否包括下列内容:①减刑建议书;②终审法院的判决书、裁定书、历次减刑裁定书的复制件;③罪犯确有悔改或者立功、重大立功表现的具体事实的书面证明材料;④罪犯评审鉴定表、奖惩审批表等。经审查,如果上述材料齐备的,应当收案;材料不齐备的,应当通知提请减刑的执行机关补送。

人民法院审理减刑案件,应当依法组成合议庭。人民法院应当自收到减刑建议书起1个月内审理完毕并作出裁定;对于无期徒刑、有期徒刑(包括减为有期徒刑)的减刑案件,由于案件复杂或者情况特殊的,可以延长1个月。

减刑的裁定,应当及时送达执行机关、同级人民检察院以及罪犯本人。人民检察院认为人民法院的减刑裁定不当,应当在收到裁定书副本后20日内,向人民法院提出书面纠正意见。人民法院收到书面纠正意见后,应当重新组成合议庭进行审理,并在1个月内作出最终裁定。

假释:

是对被判处有期徒刑、无期徒刑的犯罪分子,在执行一定刑期之后,因其遵守监规,接受教育和改造,确有悔改表现,不致再危害社会,而附条件地将其予以提前释放的制度。被假释的犯罪分子,在假释考验期间再犯新罪的,不构成累犯。假释在我国《刑法》中一项重要的刑罚执行制度,正确地适用假释,把那些经过一定服刑期间确有悔改表现、没有必要继续关押改造的罪犯放到社会上进行改造,可以有效地鼓励犯罪分子服从教育和改造,使之早日复归社会,有利于化消极因素为积极因素。

不能适用假释的情况:

对累犯以及因故意杀人、强奸、抢劫、绑架、放火、爆炸、投放危险物质或者有组织的暴力性犯罪被判处十年以上有期徒刑、无期徒刑的犯罪分子,不得假释。

(1)不管对罪犯所判处的是什么刑种与刑期,对累犯不得假释。

(2)对实施了杀人、爆炸、抢劫、强奸、绑架等暴力性犯罪,并且被判处10年以上有期徒刑、无期徒刑的犯罪人,不得假释。"暴力性犯罪"除了上述列举的几种犯罪外,还包括其他对人身行使有形力的犯罪,如伤害、武装叛乱、武装暴乱、劫持航空器等罪。

(3)对于被判处10年以上有期徒刑、无期徒刑的暴力性犯罪人,即使减刑后其刑期低于10年有期徒刑,也不得假释。

此外,法律对适用假释规定了严格的司法程序,非经法定程序不得假释。根据《刑法》第82条的规定,对于犯罪人假释的,由执行机关向中级以上人民法院提出假释建议书,人民法院应当组成合议庭进行审理,对符合假释条件的,裁定予以假释:

"被判处有期徒刑的犯罪分子,执行原判刑期二分之一以上,被判处无期徒刑的犯罪分子,实际执行 13 年以上,如果认真遵守监规,接受教育改造,确有悔改表现,没有再犯罪的危险的,可以假释。如果有特殊情况,经最高人民法院核准,可以不受上述执行刑期的限制。"

"对假释的犯罪分子,在假释考验期限内,依法实行社区矫正,如果没有本法第 86 条规定的情形,假释考验期满,就认为原判刑罚已经执行完毕,并公开予以宣告。"

## 九、什么是数罪并罚？其适用原则是什么？

数罪并罚是指对犯两个以上罪行的犯人,就所犯各罪分别定罪量刑后,按一定原则判决宣告执行的刑罚。数罪,指一人犯几个罪。

数罪并罚执行刑期有三种具体规定:

一、数罪中有一罪被判处死刑或者无期徒刑的,执行死刑或者无期徒刑。

二、数刑总和刑期以下,数刑中最高刑期以上,酌情决定执行刑期。例如:拐卖妇女罪被判有期徒刑七年,强奸妇女被判有期徒刑九年,介绍卖淫罪被判有期徒刑三年,该罪犯的数刑中总和刑期为十九年,决定执行的刑期为十九年以下,数罪中最高刑期为九年,该犯的实际执行期应为九年以上十九年以下酌情决定执行期。

三、数罪并罚管制最高不超过三年,拘役不超过一年,有期徒刑总和刑期不满三十五年的,最高不能超过二十年,总和刑期在三十五年以上的,最高不能超过二十五年。这是数罪并罚最高执行刑期的规定,如数罪都被判处管制,总和管制达到五年,但最高执行刑期不超过三年,也就是说最高执行三年管制。

另外,数罪中被判处有附加刑的,附加刑也应当执行,并且有几个执行几个,《刑法》规定如果数罪中有判处附加刑的,附加刑仍须执行,其中附加刑种类相同的,合并执行,种类不同的,分别执行。

数罪并罚原则,只是解决在对数罪实行并罚的时候应当遵循什么准则进行并罚的问题。数罪并罚原则的适用:

(一)普通数罪的并罚

普通数罪是指判决宣告以前发现的数罪,对于这种数罪的并罚,是数罪并罚的典型形态,因而对于判决宣告以前发现数罪的合并处罚,可以按照我国《刑法》第69条之规定直接适用。

(二)发现漏罪的并罚

我国《刑法》第70条规定:"判决宣告以后,刑罚执行完毕以前,发现被判刑的犯罪分子在判决宣告之前还有其他罪没有判决的,应对新发现的罪作出判决,把前后两个判决所判处的刑罚,依照本法第69条的规定,决定执行的刑罚。已经执行的刑期,应当计算在新判决决定的刑期以内。"根据这一规定,发现漏罪的并罚具有以下特征:

1. 发现漏罪并罚的时间

发现漏罪并罚的时间是判决宣告以后,刑罚执行完毕以前,这也正是发现漏罪的并罚与普通数罪的并罚根本区别之所在。

2. 发现漏罪并罚的前提

发现漏罪并罚的前提是发现被判刑的犯罪分子在判决宣告以前还

有其他罪没有判决。这里的其他罪,就是我们通常所说的漏罪。这一漏罪既可以是异种罪,也可以是同种罪。

3.发现漏罪的并罚方法

发现漏罪的并罚方法是"对新发现的罪作出判决,把前后两个判决所判处的刑罚,依照本法第69条的规定,决定执行的刑罚。已经执行的刑期,应当计算在新判决决定的刑期以内,"这种数罪并罚的方法,俗称为先并后减。根据先并后减的方法,在发现漏罪的情况下实行并罚计算刑期的时候,应当将已经执行的刑期,计算在新判决决定的刑期之内。也就是说,前一判决已经执行的刑期,应当从前后两个判决所判处的刑罚合并而决定执行的刑期中扣除。例如,某甲犯抢劫罪被判处有期徒刑10年,在刑罚执行5年以后,发现他在判决宣告以前,还犯有强奸罪没有处理。这时应当对新发现的强奸罪作出判决,如果判处有期徒刑8年,则应在10年以上18年以下决定执行的刑期。假设决定执行的刑期为15年,应将已经执行的5年计算在15年之内。也就是说,某甲只需再执行10年刑期就期满。

在发现漏罪进行并罚的时候,还应当注意以下问题:(1)缓刑期间发现漏罪的并罚。我国《刑法》第77条规定:被宣告缓刑的犯罪分子,在缓刑考验期限内发现判决宣告以前还有其他罪没有判决的,应当撤销缓刑,对新发现的罪作出判决,把前罪与后罪所判处的刑罚,依照本法第69条的规定,决定执行的刑罚。如果必须判处死刑的,应当撤销对前罪所宣告的缓刑。已经执行的缓刑考验期,不予折抵刑期。但是,判决执行以前先行羁押的日期应当予以折抵刑期。如果仍符合缓刑条件的,仍可宣告缓刑,已经执行的缓刑考验期,应当计算在新决定的缓刑考验期内。(2)假释期间发现漏罪的并罚。我国《刑法》第86条第2款规定:在假释考验期限内,发现被假释的犯罪分子在判决宣告以前还有其他罪没有判决的,应当撤销假释,依照本法第70条的规定实行数罪并罚。

(三)再犯新罪的并罚

我国《刑法》第70条规定:"判决宣告以后,刑罚执行完毕以前,被判刑的犯罪分子又犯罪的,应当对新犯的罪作出判决,把前罪没有执行的刑罚与后罪所判处的刑罚,依照本法第69条的规定,决定执行的刑罚。"根据这一规定,再犯新罪的并罚具有以下特征:

1. 再犯新罪并罚的时间

再犯新罪并罚的时间是判决宣告以后,刑罚执行完毕以前,这一点与发现漏罪的并罚是相同的,在此不再赘述。

2. 再犯新罪并罚的前提

再犯新罪并罚的前提是被判刑的犯罪分子又犯罪。这里的新罪,既包括异种罪,又包括同种罪,尤其需要注意的是,对于再犯同种罪的也应实行数罪并罚。这里的新罪是在判决发生法律效力以后刑罚执行完毕以前所犯的,这对于适用《刑法》第71条来说十分重要。如果新罪是在前罪判决宣告以前所犯,就应当视为漏罪,而非再犯新罪;如果新罪是在刑罚执行完毕以后,则也不再实行数罪并罚,而应按照累犯或者再犯处理。

3. 再犯新罪并罚的方法

再犯新罪并罚的方法是"对新犯的罪作出判决,把前罪没有执行的刑罚和后罪所判处的刑罚,依照本法第69条规定,决定执行刑罚"。这一并罚方法,俗称先减后并。根据先减后并的方法,在再犯新罪的情况下实行并罚计算刑期的时候，应当从前罪判决决定执行刑罚中减去已经执行刑罚，然后将前罪未执行的刑罚与后罪所判处的刑罚并罚，决定执行的刑罚。

在再犯新罪进行并罚的时候，还应当注意以下问题：

（1）缓刑期间再犯新罪的并罚。我国《刑法》第77条规定：被宣告缓刑的犯罪分子，在缓刑考验期限内犯新罪的，应当撤销缓刑，对新犯的罪作出判决，把前罪和后罪所判处的刑罚，依照本法第69条的规定，决定执行的刑罚。

（2）假释期间再犯新罪的并罚。我国《刑法》第86条第1款规定：被假释的犯罪分子，在假释考验期限内犯新罪，应当撤销假释，依照本法第71条的规定实行数罪并罚。

# 十、什么是追诉时效？应该如何计算？

追诉时效是《刑法》规定的司法机关追究犯罪人刑事责任的有效期限。犯罪已过法定追诉时效期限的，不再追究犯罪分子的刑事责任；已经追究的，应当撤销案件，或者不予起诉，或者宣告无罪。

《中华人民共和国刑法》第87条规定，犯罪经过下列期限不再追诉：

1.法定最高刑为不满5年有期徒刑的，追诉时效的期限为5年。

2.法定最高刑为5年以上不满10年有期徒刑的，追诉时效的期限为10年。

3.法定最高刑为 10 年以上有期徒刑的,追诉时效的期限为 15 年。

4.法定最高刑为无期徒刑、死刑的,追诉时效的期限为 20 年。如果 20 年后认为必须追诉的,须报请最高人民检察院核准后,仍然可以追诉。

我国《刑法》分则条文中对法定刑的规定包括几种不同的情况:

在一种犯罪有几个量刑幅度的情况下,应当按照犯罪的实际情况确定追诉时效期限的长短,即犯罪符合哪一个量刑幅度,就应当以哪一个量刑幅度的法定最高刑确定追诉时效的期限。

不受追诉时效限制的情况。根据我国《刑法》规定,在人民检察院、公安机关、国家安全机关立案侦查或者在人民法院受理案件以后,逃避侦查或者审判的,不受追诉期限的限制。被害人在追诉期限内提出控告,人民法院、人民检察院、公安机关应当立案而不予立案的,不受追诉期限的限制。

时效中断。在追诉期限以内又犯罪的,前罪追诉的期限从犯后罪之日起计算。在一般情况下,追诉时效的期限从犯罪之日起计算,但是,如果犯罪行为有连续或者继续状态的,追诉时效的期限从犯罪行为终了之日起计算。

## 时效计算:

(一)一般犯罪追诉期限的计算

这里所说的一般犯罪,是指没有连续与继续状态的犯罪。这种犯罪的"追诉期限从犯罪之日起计算"。"犯罪之日"应是犯罪成立之日,即行为符合犯罪构成之日。由于《刑法》对各种犯罪规定的构成要件不同,因而认定犯罪成立的标准也就不同。对不以危害结果为要件的犯罪而言，实施行为之日即是犯罪之日；对以危害结果为要件的犯罪而言，危害结果发生之日，才是犯罪之日。

（二）连续或继续犯罪追诉期限的计算

"犯罪行为有连续或者继续状态的，从犯罪行为终了之日起计算。"犯罪行为有连续状态的，属于连续犯；犯罪行为有继续状态的，属于继续犯或持续犯。对于惯犯的追诉期限的计算，《刑法》没有明文规定，但从《刑法》规定的精神以及惯犯与连续犯的关系来看。对于惯犯的追诉期限，也应从最后一次犯罪之日起计算。

例如，行为人于 1980 年 1 月 1 日犯一般情节的抢劫罪，法定最高刑为 10 年有期徒刑，但行为人在 1988 年 1 月 1 日又犯了一般情节的强奸罪。这时，抢劫罪的时效就中断，即先前的抢劫罪的追诉期限从 1988 年 1 月 1 日起重新开始计算，再经过 15 年，才不追诉。在本案中，先前的抢劫罪，实际上要经过 23 年才不追诉。

## 十一、什么是贪污罪和受贿罪？是如何定罪、量刑的？

❀        ❀        ❀

（一）贪污罪

贪污罪是指国家工作人员利用职务上的便利，侵吞、窃取、骗取或者以其他手段非法占有公共财物的行为。

受国家机关、国有公司、企业、事业单位、人民团体委托管理、经营国有财产的人员,利用职务上的便利,侵吞、窃取、骗取或者以其他手段非法占有国有财物的,以贪污罪论。与前两款所列人员勾结,伙同贪污的,以共犯论处。

关于贪污罪主体中"集体经济组织工作人员"和"其他经手、管理公共财物的人员"理解的问题

全国人民代表大会常务委员会《关于惩治贪污罪贿赂罪的补充规定》(以下简称《补充规定》)第一条规定:贪污罪的主体是"国家工作人员、集体经济组织工作人员或者其他经手、管理公共财物的人员"。

1.集体经济组织,即社会主义劳动群众集体所有制的经济组织,是指在政府主管部门管理之下,按照一定的组织章程建立起来的,财产所有权属于全体组织成员,公共积累为集体公有,并以按劳分配为主要分配形式的经济组织。

集体经济组织工作人员是指在集体经济组织中从事公务的人员。

个人投资、家庭投资、合伙人投资的私人经营的工商户不属于集体经济组织,其人员不能成为贪污罪主体。经济组织的所有制性质不明确或者上述私人经营的工商户持有集体营业执照的,应到工商行政管理部门重新核定,才能予以定性。

2."其他经手、管理公共财物的人员"包括:《刑法》第 155 条中规定的"受国家机关、企业、事业单位、人民团体委托从事公务的人员";基层群众性自治组织(如居民委员会、村民委员会)中经手、管理公共财物的人员;全民所有制企业、集体所有制企业的承包经营者;以全民所有制和集体所有制企业为基础的股份制企业中经手、管理财物的人员;中方是全民所有制或集体所有制企业性质的中外合资经营企业、中外合作

经营企业中经手、管理财物的人员。

直接从事生产、运输劳动的工人、农民,机关勤杂人员,个体劳动者,部队战士,经手公共财物的,如果他们所从事的仅仅是劳务,不能成为贪污罪的主体。

贪污的手段:

贪污手段多种多样,但归纳起来不外乎是采取侵吞、窃取、骗取或者其他手段非法占有公共财物。

侵吞财物是指行为人将自己管理或经手的公共财物非法转归自己或他人所有的行为。概括起来侵吞的方法主要有三种:一是将自己管理或经手的公共财物加以隐匿、扣留,应上交的不上交,应支付的不支付,应入账的不入账;二是将自己管理、使用或经手的公共财物非法转卖或擅自赠送他人;三是将追缴的赃款赃物或罚没款物私自用掉或非法据为私有。

窃取财物是指行为人利用职务之便,采取秘密窃取的方式,将自己管理的公共财物非法占有的行为,也就是通常所说的监守自盗。如果出纳员仅是利用对本单位情况熟悉的条件,盗窃由其他出纳员经管的财物,则构成盗窃罪。

骗取财物是指行为人利用职务之便,采取虚构事实或隐瞒真相的方法,非法占有公共财物的行为。例如,出差人员用涂改或伪造单据的方法虚报或谎报支出冒领公款,工程负责人多报工时或伪造工资表冒领工资,收购人员谎报收购物资等级从中骗取公款等。

其他方法是指除了侵吞、盗窃、骗取之外,其他非法占有公共财物的方法。主要有以下几种方法:

（1）内外勾结，迂回贪污。即国家工作人中利用职务上的便利，内外勾结，将自己管理、经营的公共（国有）财物以合法形式转给与其勾结的外部人员，然后再迂回取回，据为己有。

（2）公款私存，私贷坐吃利息。

（3）利用回扣非法占有公款。即行为人在为本单位购买货物时，将卖方以购货款中抽出一部分作为回扣的款项占为己有的行为。

（4）利用合同非法占有公款。即行为人在为本单位购买货物、推销产品等经济活动中，在与他人签订经济合同时，双方恶意串通，提高合同标的价格，然后将抬高的差价私分等。

（5）占有应交单位的劳务收入。

（6）利用新技术手段进行贪污。即行为人利用职务便利，运用新的科技手段进行贪污的行为，主要有：银行工作人员利用微机侵吞公款、套取利息，证券从业人员利用技术手段侵吞股金、红利等。

根据 2000 年 4 月 29 日全国人大常委会关于《刑法》第 93 条第 2 款的立法解释：村民委员会等村基层组织人员协助人民政府从事下列行政管理工作，属于《刑法》第 93 条第 2 款规定的"其他依照法律从事公务的人员"：

①救灾、抢险、防风、优抚、扶贫、移民、救济款物的管理；

②社会捐助公益事业款物的管理；

③国有土地的经营和管理；

④土地征用补偿费用的管理；

⑤代征、代缴税款；

⑥有关计划生育、户籍、征兵工作；

⑦协助人民政府从事的其他行政管理工作。除上述立法解释确定的人员以外,其他依照法律从事公务的人员,还包括:A.依法履行职责的各级人民代表大会代表;B. 依法履行职责的各级人民政协委员;C.依法履行审判职责的人民陪审员;D.协助乡镇人民政府、街道办事处从事行政管理工作的村民委员会、居民委员会等农村和城市基层组织人员;E.其他由法律授权从事公务的人员。

贪污罪的量刑:

《刑法》第 383 条 对犯贪污罪的,根据情节轻重,分别依照下列规定处罚;

(一)个人贪污数额在十万元以上的,处十年以上有期徒刑或者无期徒刑,可以并处没收财产;情节特别严重的,处死刑,并处没收财产。

(二)个人贪污数额在五万元以上不满十万元的,处五年以上有期徒刑,可以并处没收财产;情节特别严重的,处无期徒刑,并处没收财产。

(三)个人贪污数额在五千元以上不满五万元的,处一年以上七年以下有期徒刑;情节严重的,处七年以上十年以下有期徒刑。个人贪污数额在五千元以上不满一万元,犯罪后有悔改表现、积极退赃的,可以减轻处罚或者免予刑事处罚,由其所在单位或者上级主管机关给予行政处分。

(四)个人贪污数额不满五千元,情节较重的,处二年以下有期徒刑或者拘役;情节较轻的,由其所在单位或者上级主管机关酌情给予行政处分。对多次贪污未经处理的,按照累计贪污数额处罚。

《刑法》第 271 条 公司、企业或者其他单位的人员,利用职务上的便利,将本单位财物非法占为己有,数额较大的,处五年以下有期徒刑或者拘役;数额巨大的,处五年以上有期徒刑,可以并处没收财产。国有公司、企业或者其他国有单位中从事公务的人员和国有公司、企业或者其他国有单位委派到非国有公司、企业以及其他单位从事公务的人员有前款行为的,依照本法第382条、第383条的规定定罪处罚。

国有保险公司工作人员和国有保险公司委派到非国有保险公司从事公务的人员利用职务上的便利,故意编造未曾发生的保险事故进行虚假理赔,骗取保险金归自己所有的,依照贪污罪的规定定罪处罚。

国家工作人员在国内公务活动或者对外交往中接受礼物,依照国家规定应当交公而不交公,数额较大的,依照贪污罪的规定定罪处罚。

对多次贪污未经处理的,按照累计贪污数额处罚。多次贪污未经处理,是指两次以上的贪污行为,既没有受过刑事处罚,也没有受过行政处理。累计贪污数额应按本法有关追诉时效的规定执行。在追诉时效期限内的贪污数额应累计计算,已过追诉时效期限的贪污数额不予计算。

本条第3款规定:与前两款所列人员勾结,伙同贪污的,以共犯论处。根据共犯理论,对2人以上共同贪污的,按照个人所得数额及其在犯罪中的作用,分别处罚。对贪污集团的首要分子,按照集团贪污的总数额处罚。对其他共同贪污犯罪中的主犯,情节严重的,按照共同贪污的总数额处罚。对于共同贪污尚未分赃的案件,处罚时应根据犯罪分子在共同贪污犯罪中的地位、作用,并参照贪污总数额和共犯成员间的平均数额,确定犯罪分子个人应承担的刑事责任。对于共同贪污个人所得数额虽未达到5000但共同贪污数额超过5000元的,主要责任者都应给予处罚,其中情节较轻的,由其所在单位或者上级主管机关酌情给予行政处分。

在对贪污犯罪分子判处主刑时,还应依法并处没收财产,或者判令退赔。处理案件时,还要积极追赃,不使贪污犯罪分子在经济上占到便宜。追缴的公共财物,应退回原单位;依法不应退回原单位的,上缴国库。

**案例:**

某国有公司出纳甲意图非法占有本人保管的公共财物,但不能使用自己手中的钥匙和所知道的密码,而是使用铁棍将自己保管的保险柜打开并取走现金3万元。之后,甲伪造作案现场,声称失窃。

**解析:**

本案中甲的行为构成贪污罪,原因是:甲是国有公司出纳,窃取的是公共财物,主观上有非法占有的意图,虽然表面上是使用铁棍打开保险柜取走现金,但其是利用其职务上对保险柜的保管、管理、经手等的便利条件来作案,符合《刑法》对贪污罪的定性。

附:《全国法院审理经济犯罪案件工作座谈会纪要》部分节录

关于贪污罪

1.贪污罪既遂与未遂的认定

贪污罪是一种以非法占有为目的的财产性职务犯罪,与盗窃、诈骗、抢夺等侵犯财产罪一样,应当以行为人是否实际控制财物作为区分贪污罪既遂与未遂的标准。对于行为人利用职务上的便利,实施了虚假平账等贪污行为,但公共财物尚未实际转移,或者尚未被行为人控制就被查获的,应当认定为贪污未遂。行为人控制公共财物后,是否将财物据为己有,不影响贪污既遂的认定。

2.“受委托管理、经营国有财产”的认定

《刑法》第三百八十二条第二款规定的“受委托管理、经营国有财产”,是指因承包、租赁、临时聘用等管理、经营国有财产。

3.国家工作人员与非国家工作人员勾结,共同非法占有单位财物行为的认定

对于国家工作人员与他人勾结,共同非法占有单位财物的行为,应当按照最高人民法院《关于审理贪污、职务侵占案件如何认定共同犯罪几个问题的解释》的规定定罪处罚。对于在公司、企业或者其他单位中非国家工作人员与国家工作人员勾结,分别利用各自的职务便利,共同将本单位财物非法占有的,应当尽量区分主从犯,按照主犯的犯罪性质定罪。司法实践中,如果根据案件的实际情况,各共同犯罪人在共同犯罪中的地位、作用相当,难以区分主从犯的,可以贪污罪定罪处罚。

4.共同贪污犯罪中“个人贪污数额”的认定

《刑法》第三百八十三条第一款规定的“个人贪污数额”,在共同贪污犯罪案件中应理解为个人所参与或者组织、指挥共同贪污的数额,不能只按个人实际分得的赃款数额来认定。对共同贪污犯罪中的从犯,应当按照其所参与的共同贪污的数额确定量刑幅度,并依照《刑法》第二十七条第二款的规定,从轻、减轻处罚或者免除处罚。

(二)受贿罪

受贿罪是指国家工作人员利用职务上的便利,索取他人财物,或者

非法收受他人财物,为他人谋取利益的行为。

受贿罪侵犯了国家工作人员职务行为的廉洁性及公私财物所有权。受贿罪严重影响国家机关的正常职能履行,损害国家机关的形象、声誉,也侵犯了一定的财产关系。受贿罪在主观方面表现为故意,目的是非法占有公私财物。在客观方面表现为利用职务便利,索取他人财物,或非法收受他人财物,为他人谋取利益。

"利用职务上的便利",是指利用本人职务范围内的权力,即自己职务上主管、负责或者承办某项公共事务的职权及其所形成的便利条件。

索取他人财物的,不论是否"为他人谋取利益",均可构成受贿罪。非法收受他人财物的,只有同时具备"为他人谋取利益"的条件,才能构成受贿罪。但是为他人谋取的利益是否正当,为他人谋取的利益是否实现,不影响受贿罪的认定。

国家工作人员在经济往来中,违反国家规定,收受各种名义的回扣、手续费,归个人所有的,以受贿罪追究刑事责任。

国有公司、企业中从事公务的人员和国有公司、企业委派到非国有公司、企业从事公务的人员利用职务上的便利,索取他人财物或者非法收受他人财物,为他人谋取利益,或者在经济往来中,违反国家规定,收受各种名义的回扣、手续费,归个人所有的,以受贿罪追究刑事责任。

国有金融机构工作人员和国有金融机构委派到非国有金融机构从事公务的人员在金融业务活动中索取他人财物或者非法收受他人财物,为他人谋取利益的,或者违反国家规定,收受各种名义的回扣、手续费归个人所有的,以受贿罪追究刑事责任。

国家工作人员利用本人职权或者地位形成的便利条件,通过其他国家工作人员职务上的行为,为请托人谋取不正当利益,索取请托人财物或者收受请托人财物的,以受贿罪追究刑事责任。

**■刑:**

涉嫌下列情形之一的,应予立案:

1. 个人受贿数额在5千元以上的。

2. 个人受贿数额不满5千元,但具有下列情形之一的:

(1)因受贿行为而使国家或者社会利益遭受重大损失的;

(2)故意刁难、要挟有关单位、个人,造成恶劣影响的;

(3)强行索取财物的。

对犯受贿罪的,根据受贿所得数额及情节,依照本法第383条的规定处罚。索贿的从重处罚。

《刑法》第383条 对犯贪污罪的,根据情如轻重,分别依照下列规定处罚:

(一)个人贪污数额在十万元以上的,处十年以上有期徒刑或者无期徒刑,可以并处没收财产;情节特别严重的,处死刑,并处没收财产。

(二)个人贪污数额在五万元以上不满十万元的,处五年以上有期徒刑,可以并处没收财产;情节特别严重的,处无期徒刑,并处没收财产。

(三)个人贪污数额在五千元以上不满五万元的,处一年以上七年以下有期徒刑;情节严重的,处七年以上十年以下有期徒刑。个人贪污数额在五千元以上不满一万元,犯罪后有悔改表现、积极退赃的,可以减轻处罚或者免予刑事处罚,由其所在单位或者上级主管机关给予行政处分。

（四）个人贪污数额不满五千元，情节较重的，处二年以下有期徒刑或者拘役；情节较轻的，由其所在单位或者上级主管机关酌情给予行政处分。对多次贪污未经处理的，按照累计贪污数额处罚。

**案例：**

被告人甲于 1994 年 11 月 25 日至 1999 年 5 月 31 日任某市××煤矿矿长。L 公司法人代表乙为了保持和发展公司与某市××煤矿的业务关系，及时收回货款，1995 年至 1998 年先后 8 次以拜年、生日送礼、外出考察、住房装修、甲的儿子结婚等名义送给甲现金共计 13000 元及地砖、皮衣、灯具、VCD、音箱等物（价值 8000 余元），被告人甲收受后据为已有。

**解析：**

被告人甲身为某市××煤矿矿长，利用主管该矿行政全面工作，分管财务、销售等工作的职务之便，为他人谋取利益。自 1995 年至 1999 年共计 42 次收受他人贿赂现金 55100 元和价值 8000 余元的物品，其行为已触犯刑律，构成受贿罪。经审理认定被告人受贿金额中没有亲友之间正常往来及民间借贷的款项；被告人为煤矿等单位、个人谋取了利益，所送金额应计入受贿金额；至于春节以及徐的儿子结婚、徐夫妇过生日，只是请托人找的借口，不能掩盖受贿的本质，且被告人与请托人没有正常的礼尚往来，并非基于亲情、友情的私人馈赠行为，所送金额也应计入受贿金额。

附:《最高人民法院、最高人民检察院关于办理受贿刑事案件适用法律若干问题的意见》

1. 关于以交易形式收受贿赂问题

国家工作人员利用职务上的便利为请托人谋取利益,以下列交易形式收受请托人财物的,以受贿论处:

(1)以明显低于市场的价格向请托人购买房屋、汽车等物品的;

(2)以明显高于市场的价格向请托人出售房屋、汽车等物品的;

(3)以其他交易形式非法收受请托人财物的。

受贿数额按照交易时当地市场价格与实际支付价格的差额计算。

前款所列市场价格包括商品经营者事先设定的不针对特定人的最低优惠价格。根据商品经营者事先设定的各种优惠交易条件,以优惠价格购买商品的,不属于受贿。

2. 关于收受干股问题

干股是指未出资而获得的股份。国家工作人员利用职务上的便利为请托人谋取利益,收受请托人提供的干股的,以受贿论处。进行了股权转让登记,或者相关证据证明股份发生了实际转让的,受贿数额按转让行为时股份价值计算,所分红利按受贿孳息处理。股份未实际转让,以股份分红名义获取利益的,实际获利数额应当认定为受贿数额。

3. 关于以开办公司等合作投资名义收受贿赂问题

国家工作人员利用职务上的便利为请托人谋取利益,由请托人出资,"合作"开办公司或者进行其他"合作"投资的,以受贿论处。受贿数额为请托人给国家工作人员的出资额。

国家工作人员利用职务上的便利为请托人谋取利益,以合作开办公司或者其他合作投资的名义获取"利润",没有实际出资和参与管理、经营的,以受贿论处。

**4. 关于以委托请托人投资证券、期货或者其他委托理财的名义收受贿赂问题**

国家工作人员利用职务上的便利为请托人谋取利益,以委托请托人投资证券、期货或者其他委托理财的名义,未实际出资而获取"收益",或者虽然实际出资,但是获取"收益"明显高于出资应得收益的,以受贿论处。受贿数额,前一情形,以"收益"额计算;后一情形,以"收益"额与出资应得收益额的差额计算。

**5. 关于以赌博形式收受贿赂的认定问题**

根据《最高人民法院、最高人民检察院关于办理赌博刑事案件具体应用法律若干问题的解释》第七条规定,国家工作人员利用职务上的便利为请托人谋取利益,通过赌博方式收受请托人财物的,构成受贿。

实践中应注意区分贿赂与赌博活动、娱乐活动的界限。具体认定时,主要应当结合以下因素进行判断:

(1)赌博的背景、场合、时间、次数。

(2)赌资来源。

(3)其他赌博参与者有无事先通谋。

(4)输赢钱物的具体情况和金额大小。

**6. 关于特定关系人"挂名"领取薪酬问题**

国家工作人员利用职务上的便利为请托人谋取利益,要求或者接受请托人以给特定关系人安排工作为名,使特定关系人不实际工作却获取所谓薪酬的,以受贿论处。

### 7. 关于由特定关系人收受贿赂问题

国家工作人员利用职务上的便利为请托人谋取利益，授意请托人以本意见所列形式，将有关财物给予特定关系人的，以受贿论处。

特定关系人与国家工作人员通谋，共同实施前款行为的，对特定关系人以受贿罪的共犯论处。特定关系人以外的其他人与国家工作人员通谋，由国家工作人员利用职务上的便利为请托人谋取利益，收受请托人财物后双方共同占有的，以受贿罪的共犯论处。

### 8. 关于收受贿赂物品未办理权属变更问题

国家工作人员利用职务上的便利为请托人谋取利益，收受请托人房屋、汽车等物品，未变更权属登记或者借用他人名义办理权属变更登记的，不影响受贿的认定。

认定以房屋、汽车等物品为对象的受贿，应注意与借用的区分。具体认定时，除双方交代或者书面协议之外，主要应当结合以下因素进行判断：

（1）有无借用的合理事由；

（2）是否实际使用；

（3）借用时间的长短；

（4）有无归还的条件；

（5）有无归还的意思表示及行为。

### 9. 关于收受财物后退还或者上交问题

国家工作人员收受请托人财物后及时退还或者上交的，不是受贿。

国家工作人员受贿后，因自身或者与其受贿有关联的人、事被查处，为掩饰犯罪而退还或者上交的，不影响认定受贿罪。

10. 关于在职时为请托人谋利，离职后收受财物问题

国家工作人员利用职务上的便利为请托人谋取利益之前或者之后，约定在其离职后收受请托人财物，并在离职后收受的，以受贿论处。

国家工作人员利用职务上的便利为请托人谋取利益，离职前后连续收受请托人财物的，离职前后收受部分均应计入受贿数额。

11. 关于"特定关系人"的范围

本意见所称"特定关系人"，是指与国家工作人员有近亲属、情妇（夫）以及其他共同利益关系的人。

## 附《全国法院审理经济犯罪案件工作座谈会纪要》部分节录

### 关于受贿罪

1. 关于"利用职务上的便利"的认定

《刑法》第 385 条第 1 款规定的"利用职务上的便利"，既包括利用本人职务上主管、负责、承办某项公共事务的职权，也包括利用职务上有隶属、制约关系的其他国家工作人员的职权。担任单位领导职务的国家工作人员通过不属自己主管的下级部门的国家工作人员的职务为他人谋取利益的，应当认定为"利用职务上的便利"为他人谋取利益。

2. "为他人谋取利益"的认定

为他人谋取利益包括承诺、实施和实现三个阶段的行为。只要具有其中一个阶段的行为，如国家工作人员收受他人财物时，根据他人提出的具体请托事项，承诺为他人谋取利益的，就具备了为他人谋取利益的要件。明知他人有具体请托事项而收受其财物的，视为承诺为他人谋取利益。

3."利用职权或地位形成的便利条件"的认定

《刑法》第388条规定的"利用本人职权或者地位形成的便利条件",是指行为人与被其利用的国家工作人员之间在职务上虽然没有隶属、制约关系,但是行为人利用了本人职权或者地位产生的影响和一定的工作联系,如单位内不同部门的国家工作人员之间、上下级单位没有职务上隶属、制约关系的国家工作人员之间、有工作联系的不同单位的国家工作人员之间等。

4.离职国家工作人员收受财物行为的处理

参照《最高人民法院关于国家工作人员利用职务上的便利为他人谋取利益离退休后收受财物行为如何处理问题的批复》规定的精神,国家工作人员利用职务上的便利为请托人谋取利益,并与请托人事先约定,在其离职后收受请托人财物,构成犯罪的,以受贿罪定罪处罚。

5.共同受贿犯罪的认定

根据《刑法》关于共同犯罪的规定,非国家工作人员与国家工作人员勾结,伙同受贿的,应当以受贿罪的共犯追究刑事责任。非国家工作人员是否构成受贿罪共犯,取决于双方有无共同受贿的故意和行为。国家工作人员的近亲属向国家工作人员代为转达请托事项,收受请托人财物并告知该国家工作人员,或者国家工作人员明知其近亲属收受了他人财物,仍按照近亲属的要求利用职权为他人谋取利益的,对该国家工作人员应认定为受贿罪,其近亲属以受贿罪共犯论处。近亲属以外的其他人与国家工作人员通谋,由国家工作人员利用职务上的便利为请托人谋取利益,收受请托人财物后双方共同占有的,构成受贿罪共犯。

国家工作人员利用职务上的便利为他人谋取利益，并指定他人将财物送给其他人，构成犯罪的，应以受贿罪定罪处罚。

6.以借款为名索取或者非法收受财物行为的认定

国家工作人员利用职务上的便利，以借为名向他人索取财物，或者非法收受财物为他人谋取利益的，应当认定为受贿。具体认定时，不能仅仅看是否有书面借款手续，应当根据以下因素综合判定：(1)有无正当、合理的借款事由；(2)款项的去向；(3)双方平时关系如何，有无经济往来；(4)出借方是否要求国家工作人员利用职务上的便利为其谋取利益；(5)借款后是否有归还的意思表示及行为；(6)是否有归还的能力；(7)未归还的原因，等等。

7.涉及股票受贿案件的认定

在办理涉及股票的受贿案件时，应当注意：(1)国家工作人员利用职务上的便利，索取或非法收受股票，没有支付股本金，为他人谋取利益，构成受贿罪的，其受贿数额按照收受股票时的实际价格计算；(2)行为人支付股本金而购买较有可能升值的股票，由于不是无偿收受请托人财物，不以受贿罪论处；(3)股票已上市且已升值，行为人仅支付股本金，其"购买"股票时的实际价格与股本金的差价部分应认定为受贿。

## 十二、什么是挪用公款罪？是如何定罪、量刑的？

❖ ❖ ❖

挪用公款罪，是指国家工作人员利用职务上的便利，挪用公款归个人使用，进行非法活动的，或者挪用公款数额较大、进行营利活动的，或者挪用数额较大、超过 3 个月未还的行为。

挪用公款归个人使用具体可包括以下三种情况：

一是挪用公款归个人使用进行非法活动。这里所说的非法活动是指挪用公款供个人或他人进行走私、赌博等违法犯罪活动。对这种情况的定罪，没有要求挪用公款的数额要达到较大，也没有规定挪用达到多长时间。根据最高人民法院《关于审理挪用公款案件具体应用法律若干问题的解释》（1998 年 5 月 9 日施行）的规定，挪用公款归个人使用，进行非法活动的，以五千元至一万元为起点；挪用公款归个人进行营利活动的或挪用公款归个人使用超过三个月未还的，以一万元至三万元为起点。如果挪用公款未达到以上标准的，一般可不认为构成犯罪。

二是挪用公款归个人进行营利活动，并且数额较大的。这是指挪用数额较大的公款作为挪用人或者他人进行营利活动的资本，如挪用人本人或者他人将挪用的公款用于生产、经营、买房出租，作为个人参与企业经营活动的入股资金，存入银行或者借给他人而个人取利等，如果行为人挪用公款后，为私利以个人名义将挪用的公款借给企业事业单位、机关、团体使用的，不管这些单位是否将其挪用的公款用于营利活动，都应视为挪用公款归个人使用进行营利活动，而不能认为属于挪归公用，这里的数额较大以挪用公款一万元至三万元为起点，以挪用公款 15 万元至 20 万元为数额巨大的数额起点。对于这种挪用公款数额较大的公款归个人进行营利活动的，法律既没有要求挪用公款要达到多长时间，也不要求行为人营利的目的要真正达到。但是如果行为人在案发前已部分或者全部归还本息的，可以分别情节，从轻处罚，情节轻微的，可以免除处罚。

三是挪用公款归个人用于上述非法活动、营利活动以外的用途,并且数额较大,超过三个月未还的。如挪用公款用于建造私房、购置家具和其他生活用品、办理婚丧、支付医疗费或者偿还家庭、个人债务等。这种情况既要求挪用公款要达到一定数额。也要求挪用公款要达到一定时间。这里的数额较大也是以一万元至三万元为起点,以 15 万元至 20 万元为数额巨大的数额起点。未还是指案发前(被司法机关、主管部门或者有关单位发现前)未还。如果挪用公款数额较大,超过三个月,在案发前已全部归还本金的,可以从轻处罚或减轻处罚。给国家、集体造成的利益损失应予追缴。挪用公款数额巨大,超过三个月,虽在案发前已全部归还本息的,从轻处罚。在实践中,也有这样的情形,行为人多次挪用公款,用后次挪用的公款归还前次挪用的公款,而每次挪用的间隔时间都不超过三个月,对此,应从第一次挪用公款的时间算起。连续累计至挪用行为终止。在追究行为人的刑事责任时,挪用公款的数额按最后未归还的金额认定。

挪用公款给他人使用,不知道使用人用公款进行营利活动或者用于非法活动,数额较大、超过三个月未还的,构成挪用公款罪,明知使用人用于营利活动或者非法活动的,应当认定为挪用人挪用公款进行营利活动或者非法活动。

**量刑:**

根据《刑法》第 384 条第 1 款的规定,挪用公款罪的量刑幅度及处罚方法是:

1. 犯挪用公款罪的,处 5 年以下有期徒刑或者拘役。

2. 情节严重的,处 5 年以上有期徒刑。

3. 挪用公款数额巨大不退还的, 处 10 年以上有期徒刑或者无期徒刑。

**案例:**

1996 年 1 月 12 日、19 日,6 月 1 日××面粉厂从营业所贷款计 20 万元,贷款期限分别为 10 个月、11 个月和 1 个月。加上其他贷款和利息,至 2002 年 3 月 31 日该厂借款余额 305000 元。1999 年或 2000 年该款转至呆账账户。2002 年 9 月 27 日,中国农业银行××支行营业部在分别调往 A 营业所和 B 营业所各 22 万元款项时, 误将 A 营业所的账记入 B 营业所的账户内, 以致 A 营业所存放系统内往来账户多出 22 万元串户款,加上其他类似串户款,共计多出 249785.54 元。2002 年 12 月 10 日, 接上级行通知,××支行开始将原有的 7 个营业网点撤并(含 A 营业所和 B 营业所)。A 所于当月 15 日撤销。被告人甲于 2002 年 12 月 29 日,利用其担任 A 营业所副主任(主持工作)兼会计的职务之便,乘撤所之机,在未制作凭证且没有告知乙的情况下,擅自将上述串户款中的 193732.27 元转入乡镇企业呆账贷款科目, 销了乙个人经营的××面粉有限公司贷款。2002 年 12 月 30 日、2003 年 3 月 31 日和 9 月 25 日甲从该公司催要贷款利息计 16826.71 元, 入账 13894.82 元(其余款项甲交代用于维持车费)。 2003 年五六月份, 甲在电话中告诉乙:"因为联行资金出现差错。多出来一部分钱,我用来为你销过去的几笔贷款本息。"并向乙催要贷款。案发后,甲于 2004 年 4 月 19 日从该公司追回 23 万元并交××农行。2004 年 4 月 21 日 22 万元转入原 B

营业所账内。

# 解析：

　　甲利用职务之便，以个人名义挪用公款归其他单位使用，数额巨大，其行为已经构成挪用公款罪，且情节严重。甲违反财经管理制度，未经合法审批手续，用公款为他人销贷款，鉴于金钱的种类物性质和乙事后已经知道该情况，甲的行为属于擅自将公款作为个人可以随意支配的款项借给其他单位使用，应认定为以个人名义将公款借给其他单位使用的挪用公款行为。甲在告知乙其替其还款，且其后不久即明知撤所以后没有考核任务的情况下，不向单位领导和有关人员汇报，任由公司使用该款将近一年时间，应认定甲有挪用公款的故意。因此，应以挪用公款罪追究甲的刑事责任。甲挪用的公款已全部追回。可对其酌情从轻处罚。

**附《全国法院审理经济犯罪案件工作座谈会纪要》部分节录**

**关于挪用公款罪**

1.单位决定将公款给个人使用行为的认定

　　经单位领导集体研究决定将公款给个人使用，或者单位负责人为了单位的利益，决定将公款给个人使用的，不以挪用公款罪定罪处罚。上述行为致使单位遭受重大损失，构成其他犯罪的，依照《刑法》的有关规定对责任人员定罪处罚。

2.挪用公款供其他单位使用行为的认定

　　根据全国人大常委会《关于〈中华人民共和国刑法〉第三百八十四

条第一款的解释》的规定,"以个人名义将公款供其他单位使用的","个人决定以单位名义将公款供其他单位使用,谋取个人利益的",属于挪用公款"归个人使用"。在司法实践中,对于将公款供其他单位使用的,认定是否属于"以个人名义",不能只看形式,要从实质上把握。对于行为人逃避财务监管,或者与使用人约定以个人名义进行,或者借款、还款都以个人名义进行,将公款给其他单位使用的,应认定为"以个人名义"。"个人决定"既包括行为人在职权范围内决定,也包括超越职权范围决定。"谋取个人利益",既包括行为人与使用人事先约定谋取个人利益实际尚未获取的情况,也包括虽未事先约定但实际已获取了个人利益的情况。其中的"个人利益",既包括不正当利益,也包括正当利益;既包括财产性利益,也包括非财产性利益,但这种非财产性利益应当是具体的实际利益,如升学、就业等。

3. 国有单位领导向其主管的具有法人资格的下级单位借公款归个人使用的认定

国有单位领导利用职务上的便利指令具有法人资格的下级单位将公款供个人使用的,属于挪用公款行为,构成犯罪的,应以挪用公款罪定罪处罚。

4.挪用有价证券、金融凭证用于质押行为性质的认定

挪用金融凭证、有价证券用于质押,使公款处于风险之中,与挪用公款为他人提供担保没有实质的区别,符合《刑法》关于挪用公款罪规定的,以挪用公款罪定罪处罚,挪用公款数额以实际或者可能承担的风险数额认定。

5.挪用公款归还个人欠款行为性质的认定

挪用公款归还个人欠款的,应当根据产生欠款的原因,分别认定属于挪用公款的何种情形。归还个人进行非法活动或者进行营利活动产生的欠款,应当认定为挪用公款进行非法活动或者进行营利活动。

6.挪用公款用于注册公司、企业行为性质的认定

申报注册资本是为进行生产经营活动作准备,属于成立公司、企业进行营利活动的组成部分。因此,挪用公款归个人用于公司、企业注册资本验资证明的,应当认定为挪用公款进行营利活动。

7.挪用公款后尚未投入实际使用的行为性质的认定

挪用公款后尚未投入实际使用的,只要同时具备"数额较大"和"超过三个月未还"的构成要件,应当认定为挪用公款罪,但可以酌情从轻处罚。

8.挪用公款转化为贪污的认定

挪用公款罪与贪污罪的主要区别在于行为人主观上是否具有非法占有公款的目的。挪用公款是否转化为贪污,应当按照主客观相一致的原则,具体判断和认定行为人主观上是否具有非法占有公款的目的。在司法实践中,具有以下情形之一的,可以认定行为人具有非法占有公款的目的:

(1)根据《最高人民法院关于审理挪用公款案件具体应用法律若干问题的解释》第六条的规定,行为人"携带挪用的公款潜逃的",对其携带挪用的公款部分,以贪污罪定罪处罚。

(2)行为人挪用公款后采取虚假发票平账、销毁有关账目等手段,使所挪用的公款已难以在单位财务账目上反映出来,且没有归还行为的,应当以贪污罪定罪处罚。

（3）行为人截取单位收入不入账，非法占有，使所占有的公款难以在单位财务账目上反映出来，且没有归还行为的，应当以贪污罪定罪处罚。

（4）有证据证明行为人有能力归还所挪用的公款而拒不归还，并隐瞒挪用的公款去向的，应当以贪污罪定罪处罚。

## 十三、什么是滥用职权罪和玩忽职守罪？是如何定罪、量刑的？

**滥用职权罪**

是指国家机关工作人员超越职权，违法决定、处理其无权决定、处理的事项，或者违反规定处理公务，致使公共财产、国家和人民利益遭受重大损失的行为。

滥用职权，是指不法行使职务上的权限的行为，即就形式上属于国家机关工作人员一般职务权限的事项，以不当目的或者以不法方法，实施违反职务行为宗旨的活动。

首先，滥用职权应是滥用国家机关工作人员的一般职务权限，如果行为人实施的行为与其一般的职务权限没有任何关系，则不属于滥用职权。

其次，行为人或者是以不当目的实施职务行为或者是以不法方法实施职务行为；在出于不当目的实施职务行为的情况下，即使从行为的方法上看没有超越职权，也属于滥用职权。

再次,滥用职权的行为违反了职务行为的宗旨,或者说与其职务行为的宗旨相悖。滥用职权的行为主要表现为以下几种情况:一是超越职权,擅自决定或处理没有具体决定、处理权限的事项;二是玩弄职权,随心所欲地对事项做出决定或者处理;三是故意不履行应当履行的职责,或者说任意放弃职责;四是以权谋私、假公济私,不正确地履行职责。

滥用职权的行为,必须致使公共财产、国家和人民利益造成重大损失的结果时,才构成犯罪。所谓重大损失,是指给国家和人民造成的重大物质性损失和非物质性损失。物质性损失一般是指人身伤亡和公私财物的重大损失,是确认滥用职权犯罪行为的重要依据;非物质性损失是指严重损害国家机关的正常活动和声誉等。

根据《最高人民检察院关于渎职侵权犯罪案件立案标准的规定》滥用职权案,涉嫌下列情形之一的,应予立案:

1. 造成死亡 1 人以上,或者重伤 2 人以上,或者重伤 1 人、轻伤 3 人以上,或者轻伤 5 人以上的;

2. 导致 10 人以上严重中毒的;

3. 造成个人财产直接经济损失 10 万元以上,或者直接经济损失不满 10 万元,但间接经济损失 50 万元以上的;

4. 造成公共财产或者法人、其他组织财产直接经济损失 20 万元以上,或者直接经济损失不满 20 万元,但间接经济损失 100 万元以上的;

5. 虽未达到 3.4 两项数额标准,但 3.4 两项合计直接经济损失 20 万元以上,或者合计直接经济损失不满 20 万元,但合计间接经济损失 100 万元以上的;

6. 造成公司、企业等单位停业、停产 6 个月以上,或者破产的;

7. 弄虚作假，不报、缓报、谎报或者授意、指使、强令他人不报、缓报、谎报情况，导致重特大事故危害结果继续、扩大，或者致使抢救、调查、处理工作延误的；

8. 严重损害国家声誉，或者造成恶劣社会影响的；

9. 其他致使公共财产、国家和人民利益遭受重大损失的情形。

国家机关工作人员滥用职权，符合《刑法》第九章所规定的特殊渎职罪构成要件的，按照该特殊规定追究刑事责任；主体不符合《刑法》第九章所规定的特殊渎职罪的主体要件，但滥用职权涉嫌前款第1项至第9项规定情形之一的，按照《刑法》第397条的规定以滥用职权罪追究刑事责任。

滥用职权行为与造成的重大损失结果之间，必须具有刑法上的因果关系。滥用职权行为与造成的严重危害结果之间的因果关系错综复杂，有直接原因，也有间接原因，有主要原因，也有次要原因，有领导者的责任，也有直接责任人员的过失行为。构成滥用职权罪，应当追究刑事责任的，则是指滥用职权行为与造成的严重危害结果之间有必然因果联系的行为。否则，一般不构成滥用职权罪，而是属于一般工作上的错误问题的，应由行政主管部门处理。

**■刑标准：**

犯本罪的，处三年以下有期徒刑或者拘役；情节特别严重的，处三年以上七年以下期徒刑。本法另有规定的，依照规定。

国家机关工作人员滥用职权，具有下列情形之一的，应当认定为《刑法》第397条规定的"致使公共财产、国家和人民利益遭受重大损失"：

1.造成死亡1人以上，或者重伤3人以上，或者轻伤9人以上，或者

重伤 2 人、轻伤 3 人以上,或者重伤 1 人、轻伤 6 人以上的;

2.造成经济损失 30 万元以上的。

3.造成恶劣社会影响的。

4.其他致使公共财产、国家和人民利益遭受重大损失的情形。

具有下列情形之一的,应当认定为《刑法》第 397 条规定的"情节特别严重":

1.造成伤亡达到前款第(一)项规定人数 3 倍以上的;

2.造成经济损失 150 万元以上的;

3.造成前款规定的损失后果,不报、迟报、谎报或者授意、指使、强令他人不报、迟报、谎报事故情况,致使损失后果持续、扩大或者抢救工作延误的;

4.造成特别恶劣社会影响的;

5.其他特别严重的情节。

案例:

2010 年 7 月 21 日,某市中心城区棚户区(危旧房)改造工程项目总占地面积约 5.2 万平方米,是某市组织实施的一项民生工程。该项目启动后,某市民却发现,在这次改造中,连接治水工程配套的几口水塘却被填平,还建起了 3 幢电梯高楼,房产开发商以每平方米 9000 多元销售给拆迁户。原房管局长甲利用职务之便,为他人谋取利益,非法收受他人财物共计 283.314 万元,并使国家遭受 3530 万余元的损失。

解析:

此案中甲以国家机关工作人员的身份,利用其职务之便以权谋私、假公济私,不正确地履行职责滥用职权,填平水塘建高楼,为他人谋取经济利益,给国家造成了巨大的经济损失,已构成情节特别严重情形,符合《刑法》对滥用职权罪的构成要件,应以滥用职权罪定罪处罚。而且甲收受他人贿赂为他人谋取不正当的经济利益,最终人民法院以受贿罪判处甲有期徒刑 15 年和滥用职权罪有期徒刑 3 年,决定执行有期徒刑 16 年,没收个人财产 120 万。

**玩忽职守罪**

玩忽职守罪是指国家机关工作人员严重不负责任,不履行或不正确地履行自己的工作职责,致使公共财产、国家和人民利益遭受重大损失的行为。

由于国家机关工作人员对本职工作严重不负责,不遵纪守法,违反规章制度,玩忽职守,不履行应尽的职责和义务,致使国家机关的某项具体工作遭到破坏,给国家、集体和人民利益造成严重损害,从而危害了国家机关的正常活动。本罪侵犯的对象可以是公共财产或者公民的人身及其财产。

本罪的主体是国家机关工作人员。国家机关是指国家权力机关、各级行政机关和各级司法机关,因此,国家机关工作人员是指在各级人大及其常委会、各级人民政府、各级人民法院和人民检察院中依法从事公务的人员。

合同制民警在依法执行公务期间,属于其他依照法律从事公务的人员,应以国家机关工作人员论。

必须有违反国家工作纪律和规章制度,玩忽职守的行为,包括作为和不作为。

所谓玩忽职守的作为，是指国家工作人员不正确履行职责和义务的行为。有的工作马马虎虎，草率从事，敷衍塞责，违令抗命，极不负责任；有的阳奉阴违，弄虚作假，欺上瞒下，胡作非为等。

所谓玩忽职守的不作为，是指国家工作人员不尽职责义务的行为。即对于自己应当履行的，而且有条件履行的职责，不尽自己应尽的职责义务。有的擅离职守，撒手不管；有的虽然未离职守，但是不尽职责，该管不管，该做不做，听之任之等。由于各个机关、单位都有自己的活动原则、组织纪律和规章制度以及工作人员的职责和权利、义务，这些都是必须遵守的工作纪律和规章制度。有关的国家机关工作人员只有违反了这些工作纪律和规章制度，才能成为玩忽职守的行为。因此，玩忽职守的行为方式多样，涉及面广，在不同的领域、不同的部门，有不同的规定。

例如，在粮食保护、防火护林、商品检验、食品卫生、文物保护、防止伤亡事故及金融管理等方面，对玩忽职守行为以及依法应予追究的情况，都有明确、具体的规定。因此，在处理某个具体玩忽职守案件时，要对照实际情况，实事求是地进行分析，才能做到准确地定罪量刑。

本罪在主观方面由过失构成，故意不构成本罪，也就是说，行为人对于其行为所造成重大损失结果，在主观上并不是出于故意，而是由于过失造成的。也就是他应当知道自己擅离职守或者在职守中马虎从事对待自己的职责，可能会发生一定的社会危害结果，但是他疏忽大意而没有预见，或者是虽然已经预见到可能会发生，但是他凭借自己的知识或者经验而轻信可以避免，以致发生了造成严重损失的危害结果。行为人主观上的过失是针对造成重大损失的结果而言，但并不排斥行为人对违反工作纪律和规章制度或对自己的作为和不作为行为则可能是故意的情形。如果行为人在主观上对于危害结果的发生不是出于过失,而是出于故意,不仅预见到,而且希望或者放任它的发生,那就不属于玩忽职守的犯罪行为,而构成其他的故意犯罪。

**量刑:**

犯本罪的,处三年以下有期徒刑或者拘役;情节特别严重的,处三年以上七年以下有期徒刑。根据本条第2款规定,徇私舞弊犯本罪的,处5年以下有期徒刑或者拘役;情节特别严重的,处5年以上10年以下有期徒刑。本法另有规定的,依照规定。

**案例:**

2011年元月,被告人甲(某工作队长)和乙(某村委会主任)与乡政府签订了2011年度烟花爆竹暨安全目标管理责任书,该责任书要求签订单位深入开展对安全生产进行专项治理,组织开展日常安全检查和专项检查。被告人中甲、乙在专项治理和排查过程中不认真履行自己的职责,未认真组织排查,导致2011年6月25日某村种鸡场发生安全生产事故,致使一人被电击死亡,在社会上造成恶劣影响。

**解析:**

被告人甲作为某工作队队长,乙作为某村委会主任,行使国家工作人员管理职权,与乡人民政府签订了安全管理目标责任书,对本辖区内的安全生产工作负有监管职责,但不认真履行排查安全隐患的职责,导致一人因生产隐患而被电击死亡,符合《刑法》对玩忽职守罪的构成要件。其行为构成玩忽职守罪。应予以定罪处罚。

## 十四、如何区分破坏电力设备罪、破坏易燃易爆设备罪、以危险方法危害公共安全罪和盗窃罪？是如何定罪、量刑的？

### 破坏电力设备罪

本罪所侵犯的是公共安全。犯罪对象是正在使用中的电力设备。

所谓电力设备,是指用于发电、供电、输电、变电的各种设备,包括:火力发电厂的热力设备,如锅炉、汽轮机、燃气机等;水力发电厂的水轮机和水力建筑物,如水坝、闸门、水渠、隧道、调压井、蓄电池、压力水管等;(供电系统的供电设备,如发电机包括励磁系统、调相机、变波机、变压器、高压线路、础、拉线、接地装置、导线、避雷线、金具、绝缘子、登杆塔的抓梯和脚钉,导线跨越航道的保护设施,巡(保)线站,巡视检修专用道路、船舶和桥梁、标志牌及附属设施;电力电缆线路,架空、地下、水底电力电缆和电缆联结装置,电缆管道、电缆隧道、电缆沟、电缆桥、电缆井、盖板、人孔、标石、水线标志牌及附属设施;电力线路上的变压器、断路器、刀闸、避雷器、互感器、熔断器、计量仪表装置、配电室、箱式变电站及附属设施。

上述电力设备必须正在使用中,如果没有使用,如正在制造、运输、安装、架设或尚在库存中,以及虽使用中的电力设备,行为人对其进行破坏也就不构成破坏电力设备罪。

行为人必须实施了破坏正在使用中的电力设备的行为。在实际生活中,这种破坏行为的表现形式是多种多样的。大多数情况下,行为人表现为作为,如采用爆炸、放火的方法破坏电力设备,在电力设备中掺放杂物,毁坏电力设备的重要部件或者偷割、偷拆电力设备等。在少数情况下,行为人也可能表现为不作为。如对电力设备负有维修保护职责的工作人员,在上班检修电力设备期间,发现重要部件异常或出现故障,有毁坏电力设备的危险,却故意置之不理,放任危险的发生,其客观行为方式就是不作为的自然人均可成为破坏电力设备罪的犯罪主体。

本罪在主观方面必须出于故意,包括直接故意和间接故意。至于犯罪的动机,亦可多种多样,不论是为泄愤报复,还是为嫁祸他人,或出于贪财图利及其他动机,都不影响本罪成立。

**量刑:**

《刑法》第 118 条 破坏电力、燃气或者其他易燃易爆设备,危害公共安全,尚未造成严重后果的,处三年以上十年以下有期徒刑。

《刑法》第 119 条 第一款 破坏交通工具、交通设施、电力设备、燃气设备、易燃易爆设备,造成严重后果的,处十年以上有期徒刑、无期徒刑或者死刑。

四种情形最高可判处死刑。最高人民法院 2007 年 8 月 20 日公布《关于审理破坏电力设备刑事案件具体应用法律若干问题的解释》,根据这一司法解释,四种情形可被判处 10 年以上有期徒刑、无期徒刑或者死刑。

司法解释明确,属于《刑法》第119条第1款规定的破坏电力设备"造成严重后果"的四种情形包括:造成1人死亡、3人以上重伤或者10人以上轻伤的;造成1万以上用户电力供应中断6小时以上,致使生产、生活受到严重影响的;造成直接经济损失100万元以上的;造成其他危害公共安全严重后果的。

**案例:**

甲、乙、丙、丁4人先后结伙破坏变压器数10台,造成直接经济损失65万余元,使58个村民小组的3600多个家庭、22户动力电用户中断用电,5个村民小组的灌溉停电90余天。

**解析:**

本案中甲、乙、丙、丁4人在故意的情况下以非法占有为目的破坏的变压器属于正在使用中的电力设备,符合刑法中对破坏电力设备罪的构成要件,依法应以破坏电力设备罪定罪处罚,而且造成了严重的后果,应判处十年以上有期徒刑、无期徒刑或者死刑。

### 附《电力设施保护条例》

第八条 发电设施、变电设施的保护范围:

(一)发电厂、变电站、换流站、开关站等厂、站内的设施。

(二)发电厂、变电站外各种专用的管道(沟)、储灰场、水井、泵站、冷却水塔、油库、堤坝、铁路、道路、桥梁、码头、燃料装卸设施、避雷装置、消防设施及其有关辅助设施。

（三）水力发电厂使用的水库、大坝、取水口、引水隧洞（含支洞口）、引水渠道、调压井（塔）、露天高压管道、厂房、尾水渠、厂房与大坝间的通信设施及其有关辅助设施。

第九条 电力线路设施的保护范围：

（一）架空电力线路：杆塔、基础、拉线、接地装置、导线、避雷线、金具、绝缘子、登杆塔的爬梯和脚钉，导线跨越航道的保护设施，巡（保）线站，巡视检修专用道路、船舶和桥梁，标志牌及其有关辅助设施。

（二）电力电缆线路：架空、地下、水底电力电缆和电缆联结装置，电缆管道、电缆隧道、电缆沟、电缆桥，电缆井、盖板、人孔、标石、水线标志牌及其有关辅助设施。

（三）电力线路上的变压器、电容器、电抗器、断路器、隔离开关、避雷器、互感器、熔断器、计量仪表装置、配电室、箱式变电站及其有关辅助设施。

（四）电力调度设施：电力调度场所、电力调度通信设施、电网调度自动化设施、电网运行控制设施。

第十条 电力线路保护区：

（一）架空电力线路保护区：导线边线向外侧水平延伸并垂直于地面所形成的两平行面内的区域，在一般地区各级电压导线的边线延伸距离如下：

1——10 千伏　5 米

23——110 千伏　10 米

154——330 千伏　15 米

500 千伏　20 米

在厂矿、城镇等人口密集地区,架空电力线路保护区的区域可略小于上述规定。但各级电压导线边线延伸的距离,不应小于导线边线在最大计算弧垂及最大计算风偏后的水平距离和风偏后距建筑物的安全距离之和。

(二)电力电缆线路保护区:地下电缆为电缆线路地面标桩两侧各0.75 米所形成的两平行线内的区域;海底电缆一般为线路两侧各 2海里(港内为两侧各 100 米),江河电缆一般不小于线路两侧各 100 米(中、小河流一般不小于各 50 米)所形成的两平行线内的水域。

**破坏易燃易爆设备罪**

破坏易燃易爆设备罪,是指故意破坏燃气或者其他易燃易爆设备,足以危害公共安全的行为。

犯罪对象是正在使用中的燃气或其他易燃易爆设备。

所谓燃气设备,是指生产、储存、输送诸如煤气、液化气、石油气、天然气等燃气的各种机器或设施,包括制造系统的燃器发生装置,如煤气发生炉,净化系统的燃气净化装置,输送系统的输送设备,如排送机器、输送管道,贮存设备如贮气罐等。

所谓其他易燃易爆设备,则是指除电力、燃气设备以外的其他用于生产、贮存和输送易燃易爆物质的设备,如石油、化工、炸药方面的油井、油库、贮油罐、石油输送管道、液化石油罐、汽油加油站以及酒精、煤油、丙酮、炸药、火药等易燃易爆物品的生产、贮存、运送设备等。上述易燃易爆设备还必须正在使用中,如果没有使用,如正在制造、运输、安装、架设或尚在库存中,以及虽然已交付使用但正在检修,暂停使用的,对其进行破坏,不应构成本罪。本罪的动机多种多样,如出于贪财图利、报复泄愤、嫁祸于人等。无论出自何种个人动机,均不影响定罪。

**量刑:**

犯破坏易燃易爆设备罪,尚未造成严重后果的,处三年以上十年以下有期徒刑;造成严重后果的,处十年以上有期徒刑、无期徒刑或者死刑。

**以危险方法危害公共安全罪**

以危险方法危害公共安全罪是一个概括性罪名,也是一个独立的罪名。是指故意以放火、决水、爆炸以及投放危险物质以外的并与之相当的危险方法,足以危害公共安全的行为。

该罪侵犯的客体是公共安全,即不特定的多数人的生命、健康或者重大公私财产的安全。如果行为人用危险方法侵害了特定的对象,对不特定的多数人的生命、健康或重大公私财产的安全并无危害,即不危害公共安全,就不构成该罪。

所谓其他危险方法突出表现在:

(一)以私设电网的危险方法危害公共安全

私设电网,是一种危害社会的行为。有关法律、法规明令禁止任何个人、单位未经有关部门批准擅自架设电网,否则造成严重后果的,要依法追究行为人的法律责任。私设电网也是一种危险方法,其侵犯的客体是公共安全,即对象是不特定多数人的生命、健康或者重大公私财产的安全。这种行为,无论是从主观方面还是从客观方面,都符合以危险方法危害公共安全罪的构成特征。

(二)以驾车撞人的危险方法危害公共安全

以驾车撞人的危险方法危害公共安全的犯罪，行为人在主观上往往是出于故意。这种危险方法与放火、决水、爆炸以及投放危险物质的危害性相当，其危害的是不特定的多数人的生命、健康安全，符合以危险方法危害公共安全罪的构成特征。

此外，《刑法》中规定醉酒驾驶并造成人员重伤或者死亡的行为属于以危险方法危害公共安全行为，其危害的是不特定的多数人的生命、健康安全，应以危险方法危害公共安全罪追究其行为人的刑事责任。

（三）以制、输坏血和病毒血的危害方法危害公共安全

以制、输坏血和病毒血的危害方法危害公共安全的这种行为，行为人在主观上属于故意，目的往往是牟取非法暴利或者报复社会，其直接危害不特定的多数人的生命、健康安全，符合以危险方法危害公共安全罪的构成特征。

（四）以开枪的危险方法危害公共安全

以向人群开枪的危险方法危害公共安全的犯罪，行为人在主观上属于故意，目的往往是报复社会或者寻求新奇刺激而向人群开枪射击。这种行为，直接危害不特定的多数人的生命、健康安全，符合以危险方法危害公共安全罪的构成特征。这种行为，直接危害不特定的多数人的生命、健康安全，符合以危险方法危害公共安全罪的构成特征。

该罪在主观方面表现为犯罪的故意，包括直接故意和间接故意，即行为人明知其实施的危险方法会危害公共安全，即危害不特定的多数人的生命、健康或者公私财产安全的严重后果，并且希望或者放任这种结果发生。在司法实践中，这种案件除少数对危害公共安全的严重后果持希望态度，属于直接故意构成外，其他多数持放任态度，属于

间接故意。

## ▉刑:

《刑法》第114条 【放火罪、决水罪、爆炸罪、投放危险物质罪、以危险方法危害公共安全罪之一】放火、决水、爆炸以及投放毒害性、放射性、传染病病原体等物质或者以其他危险方法危害公共安全,尚未造成严重后果的,处三年以上十年以下有期徒刑。

《刑法》第115条 【放火罪、决水罪、爆炸罪、投放危险物质罪、以危险方法危害公共安全罪之二】放火、决水、爆炸以及投放毒害性、放射性、传染病病原体等物质或者以其他危险方法致人重伤、死亡或者使公私财产遭受重大损失的,处十年以上有期徒刑、无期徒刑或者死刑。

过失犯前款罪的,处三年以上七年以下有期徒刑;情节较轻的,处三年以下有期徒刑或者拘役。

依照本条和本法第115条的规定,以危险方法危害公共安全,尚未造成严重后果的,处三年以上十年以下有期徒刑;犯本罪致人重伤、死亡或者使公私财产遭受重大损失的,处十年以上有期徒刑、无期徒刑或者死刑。

(一)《关于审理破坏野生动物资源刑事案件具体应用法律若干问题的解释》(2000.11.27)

第七条 使用爆炸、投毒、设置电网等危险方法破坏野生动物资源,构成非法猎捕、杀害珍贵、濒危野生动物罪或者非法狩猎罪,同时构成《刑法》第114条或者第115条规定之罪的,依照处罚较重的规定定罪处罚。

（二）《关于办理组织和利用邪教组织犯罪案件具体应用法律若干问题的解释（二）》（2001.06.04）

第十条 邪教组织人员以自焚、自爆或者其他危险方法危害公共安全的，分别依照《刑法》第114条、第115条第一款以危险方法危害公共安全罪等规定定罪处罚。

（三）《关于办理妨害预防、控制突发传染病疫情等灾害的刑事案件具体应用法律若干问题的解释》（2003.05.13）

第一条 故意传播突发传染病病原体，危害公共安全的，依照《刑法》第114条、第115条第一款的规定，按照以危险方法危害公共安全罪定罪处罚。患有突发传染病或者疑似突发传染病而拒绝接受检疫、强制隔离或者治疗，过失造成传染病传播，情节严重，危害公共安全的，依照《刑法》第115条第二款的规定，按照过失以危险方法危害公共安全罪定罪处罚。

**案例：**

刘某历来好吃懒做，不务正业。为谋求生活来源，3个月前，刘某曾在公路拦截正在通行的过往车辆，强行乞讨钱物。其间，因刘某突然冲向一客车，客车司机为避免其伤亡，紧急避让中不慎将车翻至山下，造成3人死亡、5人受伤的重大交通事故。

**解析：**

以危害公共安全是指使用与放火、投毒、决水、爆炸的危险性相当的其他危险方法，危害公共安全的行为。"其他危险方法"的含义是不管危险方法的具体形式如何,其危险性必须与放火、投毒、决水、爆炸的危险性大体相当。本案中,刘某的行为与之吻合:首先,刘某为了乞讨采取强行拦车的方法,主观上具有违反交通法规的故意。其次,本案的关键是刘某上路拦车是否与放火、决水、爆炸、投毒的危险性相当和足以危害公共安全。一方面,刘某应当知道汽车作为高速运输工具,一旦司机采取紧急措施,极易引发交通事故,危害公共安全,其行为危险性应与决水、失火、爆炸、投毒相当;另一方面,刘某已实施了这种危险方法。此外,刘某的行为已经造成3人死亡、5人受伤的严重后果,严重后果也正是由于刘某强行拦车的危险行为所造成的,且所产生的死者、伤者,事前为不特定的多数人。因此,符合本罪的构成要件,应以危险方法危害公共安全定罪处罚。

**盗窃罪**

盗窃罪是指以非法占有为目的,秘密窃取公私财物数额较大或者多次盗窃公私财物的行为。

本罪侵犯的客体是公私财物的所有权。侵犯的对象是国家、集体或个人的财物,一般是指动产而言,但不动产上之附着物,可与不动产分离的,如田地上的农作物、山上的树木、建筑物上之门窗等,也可以成为本罪的对象。另外,能源如电力、煤气也可成为本罪的对象。所有权包括占有、使用、收益、处分等权能。这里的所有权一般指合法的所有权,但有时也有例外情况。根据《最高人民法院关于审理盗窃案件具体应用法律若干问题的解释》(以下简称《解释》)的规定,"盗窃违禁品,按盗窃罪处理的,不计数额,根据情节轻重量刑。盗窃违禁品或犯罪分子不法占有的财物也构成盗窃罪"。

这种公私财物的特征是：

1. 能够被人们所控制和占有。能够被人们所控制和占有的财物必须是依据五官的功能可以认识的有形的东西。控制和占有是事实上的支配。这种支配不仅仅是单纯的、物理的、有形的支配。有时占有可以说是一种社会观念，必须考虑到物的性质、物所处的时空等，要按照社会上的一般观念来决定某物有没有被占有。有时即使在物理的或有形的支配达不到的场合，从社会观念上也可以认为是占有。例如，在自己住宅的范围内一时找不到的手表、戒指，仍没有失去占有；没有回到主人住所和主人身边习惯的牲畜即使离开了主人的住所，仍属主人占有；震灾发生时，为了暂时避难而搬出去放置在路边的财物，仍归主人所有；放养在养殖场的鱼和珍珠贝归养殖人所有。这里所说的手表、戒指、牲畜、鱼等仍可成为盗窃罪侵犯的对象。随着科学技术的发展，无形物也能够被人们所控制，也就能够成为盗窃罪侵犯的对象，如电力、煤气、手机号码等。不能被人们控制的阳光、风力、空气、电波、磁力等就不能成为盗窃罪侵犯的对象。

2. 具有一定的经济价值，这种经济价值是客观的，可以用货币来衡量，如有价证券等。

3. 能够被移动。不动产不能成为盗窃罪侵犯的对象，属于民事上的房地产纠纷，不能按盗窃罪处理。

4. 他人的财物。盗窃犯不可能盗窃自己的财物，他所盗窃的对象是"他人的财物"。虽然是自己的财物，但是由他人合法占有或使用，亦视为"他人的财物"。遗忘物属于他人财物，遗失物与无主物被占有不构成盗窃罪。

5. 盗窃自己家里或近亲属的财物,一般可不按犯罪处理。对确有追究刑事责任必要的,在处理时也应与同在社会上作案有所区别。近亲属指夫、妻、父、母、子、女、同胞兄弟姐妹。盗窃近亲属的财物应包括盗窃分居生活的近亲属的财物,盗窃自己家里的财物,既包括共同生活的近亲属的财物,也包括盗窃共同生活的其他非近亲属的财物。

下列行为也以盗窃罪论处:

1. 盗窃信用卡并使用的,以盗窃罪定罪处罚;

2. 盗窃增值税专用发票或者可以用于骗取出口退税、抵扣税款的其他发票的,以盗窃罪定罪处罚;

3. 邮政工作人员私自开拆或者隐匿、毁弃邮件、电报而窃取财物的,以盗窃罪定罪处罚;

4. 以牟利为目的,盗接他人通信线路、复制他人电信码号或者明知是盗接、复制的电信设备、设施而使用的,以盗窃罪定罪处罚;

5. 将电信卡非法充值后使用,造成电信资费损失数额较大,以盗窃罪定罪处罚;

6. 盗用他人公共信息网络上网账号、密码上网,造成他人电信资费损失数额较大的,以盗窃罪定罪处罚。

盗窃公私财物虽已达到"数额较大"的起点,但情节轻微,并具有下列情形之一的,可不作为犯罪处。

1. 已满十六周岁不满十八周岁的未成年人作案的;

2. 全部退赃、退赔的;

3. 主动投案的;

4. 被胁迫参加盗窃活动,没有分赃或者获赃较少的;

5. 其他情节轻微、危害不大的。

**盗窃罪的既遂标准**

即盗窃行为已经使被害人丧失了对财物的控制时，或者行为人已经控制了所盗财物时，都是既遂。即使行为人没有控制财物，但只要被害人失去了对财物的控制的，也成立盗窃既遂。

例如，行为人以不法占有为目的，从火车上将他人财物扔到偏僻的轨道旁，打算下车后再捡回该财物。又如，行为人以不法占有为目的，将他人放在浴室内的金戒指藏在隐蔽处，打算日后取走。在这种情况下，即使行为人后来出于某种原因没有控制该财物，但因为被害人丧失了对财物的控制，也应认定为盗窃既遂，而不能认定为未遂。所应注意的是，在认定盗窃罪的既遂与未遂时，必须根据财物的性质、形态、体积大小，被害人对财物的占有状态，行为人的窃取样态等进行判断。如在商店行窃，就体积很小的财物而言，行为人将该财物夹在腋下、放入口袋、藏入怀中时就是既遂；但就体积很大的财物而言，只有将该财物搬出商店，才能认定为既遂。比如盗窃工厂内的财物，如果工厂是任何人可以出入的，则将财物搬出原来的仓库、车间时就是既遂；如果工厂的出入相当严格，出大门必须经过检查，则只有将财物搬出大门外才是既遂。

**量刑：**

盗窃公私财物，数额较大的，或者多次盗窃、入户盗窃、携带凶器盗窃、扒窃的，处 3 年以下有期徒刑、拘役或者管制，并处或者单处罚金。犯本罪，情节严重的，处 3 年以上 10 年以下有期徒刑，判处罚金；犯本罪，情节特别严重的，处 10 年以上有期徒刑或者无期徒刑，并处罚金或者没收财产。

所谓"数额较大"，根据《解释》是指个人盗窃公私财物价值人民币5百元至2千元以上。盗窃增值税专用发票或者可以用于骗取出口退税、抵扣税款的其他发票，其数额较大的起点为25份。另外，根据《解释》第9条第1款规定，盗窃国家三级文物的，亦应依本幅度量刑，即处3年以下有期徒刑、拘役或者管制，并处或者单处罚金。判处罚金，根据《解释》第7条规定，应当在1千元以上盗窃数额的2倍以下判处罚金；对于依法应当判处罚金刑，但没有盗窃数额或者无法计算盗窃数额的犯罚分子，应当在1千元以上10万元以下判处罚金。

所谓情节严重，是指数额巨大或者其他严重情节。所谓数额巨大，根据《解释》，是指个人盗窃公私财物价值人民币5千元至2万元以上。盗窃增值税专用发票或者可以用于骗取出口退税，抵扣税款的其他发票，其数额巨大的起点为250份。其他严重情节，是指除数额巨大以外的其他严重情节。

根据《解释》第6条第3项之规定，盗窃数额达到"数额较大"的起点，并具有下列情形之一的，可以认定为"其他严重情节"：1.犯罪集团的首要分子或者共同犯罪中情节严重的主犯；2.盗窃金融机构的；3.流窜作案危害严重的；4.累犯；5.导致被害人死亡、精神失常或者其他严重后果的；6.盗窃救灾、抢险、防汛、优抚、扶贫、移民、救济、医疗款物，造成严重后果的；7.盗窃生产资料，严重影响生产的；8.造成其他重大损失的。另外，根据《解释》第9条第1款之规定，盗窃国家二级文物的，亦应依本幅度最刑即处3年以上10年以下有期徒刑，并处罚金。

情节特别严重，是指数额特别巨大或者其他特别严重情节。所谓

"数额特别巨大",根据《解释》是指个人盗窃公私财物价值人民币 3 万元至 10 万元以上。盗窃增值税专用发票或者可以用于骗取出口退税、抵扣税款的其他发票,其数额特别巨大的起点为 2500 份,其他特别严重情节,是指除数额特别巨大以外的其他特别严重情节。根据《解释》第 6 条第 3 项之规定,盗窃数额达到"数额巨大"的起点,并具有下列情形之一的,可以认定为"其他特别严重情节":1. 犯罪集团的首要分子或者共同犯罪中情节严重的主犯;2. 盗窃金融机构的;3. 流窜作案危害严重的;4. 累犯;5. 导致被害人死亡、精神失常或者其他严重后果的;6. 盗窃救灾、抢险、防汛、优抚、扶贫、移民、救济、医疗款物,造成严重后果的;7. 盗窃生产资料,严重影响生产的;8. 造成其他重大损失的;另外,根据《解释》第 9 条第 1 款规定,盗窃国家一级文物的,亦要依本幅度量刑,即处 10 年以上有期徒刑或者无期徒刑,并处罚金或者没收财产。

## 案例:

被告人王某、刘某以牟利为目的,在某市非法制作、贩卖、安装盗版有线电视机顶盒,在 3 个月的时间内,他们在该市安装机顶盒 60 台,获利 5 万元。被告人王某先购买正版电视机顶盒硬件,然后将从互联网上下载的软件程序复制到其购买的机顶盒芯片中。组装完成盗版的有线电视机顶盒以后,被告人王某、刘某将盗版机顶盒非法销售给该市市民牟利。经知识产权司法鉴定机构鉴定,被告人王某、刘某制作的盗版的有线电视机顶盒中的条件接收系统终端软件与 M 公司的数字电视条件接收系统终端软件的功能相同。二被告人未经作为数字电视条件接收系统终端软件著作权权利人的 M 公司授权,擅自制作并销售包含该公司数字电视接收系统终端软件复制品的盗版电视机机顶盒。使用该盗版机顶盒的用户,不通过向有线电视管理部门交纳有线电视收视费,便可免费观看有线电视节目。

**解**析:

　　就本案而言,从作为数字电视条件接收系统终端软件著作权人的 M 公司的角度而言,被告人王某、刘某未经权利人该公司的授权,擅自将从互联网上下载的软件程序,制作盗版的机顶盒销售他人谋取利益且二被告获利数额较大,其行为实质上是对正版软件的违法复制与发行,对正版软件的著作权利人构成侵权,其行为完全符合侵犯著作权的构成要件。从有线电视管理部门的角度出发,有线电视用户通过使用盗版机顶盒,可以逃避缴纳有线电视管理部门收视费,免费观看有线电视节目。其行为是通过平和的秘密窃取方式取得了应属于有线电视管理部门的收视费,侵犯了有线电视管理部门的公共财产所有权。从理论上讲,盗窃罪的犯罪对象既包括有形财产,如具体的货币、物品等,也包括无形财产,如电力、煤气、天然气、热气、电信号码等。有线电视管理部门向社会公众提供有线电视信号,收取有线电视收视费,此处的有线电视信号便是一种无形财产。盗窃罪的被害人丧失对财物的控制既包括积极减少,也包括消极不增加。因此,本案的被告人王某、刘某的行为符合盗窃罪的构成要件。被告人王某、刘某制作盗版有线电视机顶盒获利数额较大,又侵犯公私财物的所有权,笔者认为应当按照牵连犯的原则来处理此案。牵连犯,是指以实施某一犯罪为目的,其犯罪的方法或者结果行为有触犯其他罪名的犯罪形态。牵连犯包括两种形式,一种是目的行为和方法行为的牵连,另一种是原因行为和结果行为的牵连。牵连犯的处理原则为:除法律有明确规定处罚方式外,一般情况下,具有牵连关系的两个犯罪行为不以数罪论,而是"从一重罪处断"。被告人王某、刘某实施犯罪行为的原因行为是以营利为目的,制作、销售盗版的有线电视机顶盒。其结果行为是以平和的方式窃取有线电视资金及其载体的收视费,侵犯了有线电视管理部门的公共财产所有权。因此,被告人王某、刘某的行为属于侵犯著作权罪和盗窃罪的牵连犯形态,应当按照从一重罪处断的处理原则定罪处罚。相比较而言,盗窃罪的法定刑重于侵犯著作权罪的法定刑,盗窃罪为重罪。

综上所述,本案的被告人王某、刘某应当以盗窃罪定罪处罚,二被告擅自制作并销售盗版电视机机顶盒的行为可以作为一个量刑情节,在量刑时予以酌情考虑。

## 十五、什么是交通肇事罪? 是如何定罪、量刑的?

交通肇事罪,是指违反道路交通管理法规,发生重大交通事故,致人重伤、死亡或者使公私财产遭受重大损失,依法被追究刑事责任的犯罪行为。

主体:一般主体,即凡年满 16 周岁、具有刑事责任能力的自然人均可构成。

最高人民法院、最高人民检察院《关于办理盗窃案件具体应用法律的若干问题的解释》指出："在偷开汽车中因过失撞死、撞伤他人或者撞坏了车辆,又构成其他罪的,应按交通肇事罪与他罪并罚。"

本罪主观方面表现为过失,这种过失是指行为人对自己的违章行为可能造成的严重后果的心理态度而言。行为人在违反规章制度上可能是明知故犯,如酒后驾车、强行超车、超速行驶等,但对自己的违章行为可能发生重大事故,造成严重后果,应当预见而因疏忽大意,没有预见,或者虽已预见,但轻信能够避免,以致造成了严重后果。如果是故意应以其他罪定罪处罚,如故意伤害罪、故意杀人罪等。

客观方面:

1.必须有违反交通运输管理法规的行为。在交通运输中实施了违反交通运输管理法规的行为,发生交通事故的原因,也是承担处罚的法律基础。所谓交通运输法规,是指保证交通运输正常进行和交通运输安全的规章制度,包括水上、海上、空中、公路、铁路等各个交通运输系统的安全规则、章程以及从事交通运输工作必须遵守的纪律、制度等。例如,公路违章的有:无证驾驶,强行超车,超速行驶,酒后开车;航运违章的有:船只强行横越,不按避让规章避让,超速抢挡,在有碍航行处错泊或停靠;航空违章的有:违反空中交通管理擅自起飞,偏离飞行航线,无故不与地面联络,等等。上述违章行为的种种表现形式,可以归纳为作为与不作为两种基本形式,不论哪种形式,只要是违章,就具备构成本罪的条件。

2.必须发生重大事故,致人重伤、死亡或者使公私财产遭受重大损失的严重后果。这是构成交通肇事罪的必要条件之一。行为人虽然违反了交通运输管理法规，但是未造成上述法定严重后果的，不构成本罪。

3.严重后果必须由违章行为引起，二者之间存在因果关系。

4.违反规章制度，致人重伤、死亡或者使公私财产遭受重大损失的行为，必须发生在从始发车站、码头、机场准备载人装货至终点车站、码头、机场旅客离去、货物卸完的整个交通运输活动过程中。如果是在工厂、矿山、林场、建筑工地、企业事业单位、院落内作业，或者进行其他非交通运输活动，如检修、冲洗车辆等，一般不构成本罪。利用非机动车，如自行车、三轮车、马车等，从事交通运输活动，违章肇事，使人重伤、死亡，以交通肇事罪论处。

2000年最高人民法院《关于审理交通肇事刑事案件具体应用法律若干问题的解释》第8条规定，在实行公共交通管理的范围内发生重大交通事故的，依照交通肇事罪和本解释的有关规定办理，在公共交通管理的范围外，驾驶机动车辆或者使用其他交通工具致人伤亡或者致使公共财产或者他人财产遭受重大损失，构成犯罪的，分别依照重大责任事故罪、重大劳动安全事故罪、过失致人死亡罪等规定定罪处罚。《解释》将交通肇事罪的场所限定为公共交通管理范围，《道路交通安全法》颁布后，在第119条，"本法中下列用语的含义：（一）"道路"，是指公路、城市道路和虽在单位管辖范围但允许社会机动车通行的地方，包括广场、公共停车场等用于公众通行的场所"，对道路的含义进行了限定，扩大了本罪的适用场所。

**交通肇事逃逸的认定**

《最高人民法院关于审理交通肇事刑事案件具体应用法律若干问题的解释》（以下称《解释》）规定，所谓交通肇事逃逸就是行为人在交通

运输肇事中具有以下情形并因逃避法律追究而逃跑的行为:

1.死亡一人或者重伤三人以上,负事故全部或者主要责任的;

2.死亡三人以上,负事故同等责任的;

3.造成公共财产或者他人财产直接损失,负事故全部或者主要责任,无能力赔偿数额在三十万元以上的;

4.酒后、吸食毒品后驾驶机动车辆致一人以上重伤,负事故全部或者主要责任的;

5.无驾驶资格驾驶机动车辆致一人以上重伤,负事故全部或者主要责任的;

6.明知是安全装置不全或者安全机件失灵的机动车辆而驾驶致一人以上重伤,负事故全部或者主要责任的;

7. 明知是无牌证或者已报废的机动车辆而驾驶致一人以上重伤,负事故全部或者主要责任的;

8.严重超载驾驶致一人以上重伤,负事故全部或者主要责任的。

## 量刑标准:

《刑法》第133条规定,违反交通运输管理法规,因而发生重大事故,致人重伤、死亡或者使公私财产遭受重大损失的,处三年以下有期徒刑或者拘役;交通运输肇事后逃逸或者有其他特别恶劣情节的,处三年以上七年以下有期徒刑;因逃逸致人死亡的,处七年以上有期徒刑。

交通肇事致一人以上重伤,负事故全部或者主要责任,并具有下列情形之一的,以交通肇事罪定罪处罚:

1.酒后、吸食毒品后驾驶机动车辆的;

2.无驾驶资格驾驶机动车辆的;

3.明知是安全装置不全或者安全机件失灵的机动车辆而驾驶的;

4.明知是无牌证或者已报废的机动车辆而驾驶的;

5.严重超载驾驶的。

违反交通运输管理法规,因而发生重大事故,致人重伤、死亡或者使公私财产遭受重大损失的,处 3 年以下有期徒刑或者拘役。

此处所谓"发生重大事故",根据《解释》第 2 条第 1 款规定,是指具有以下情形之一的:

1.死亡一人或者重伤三人以上,负事故全部或者主要责任的;

2.死亡三人以上,负事故同等责任的;

3.造成公共财产或者他人财产直接损失,负事故全部或者主要责任,无能力赔偿数额在三十万元以上的。

其他特别恶劣情节,是指具有下列情形之一:

1.死亡 2 人以上或者重伤 5 人以上,负故全部或者主要责任;

2.死亡 6 人以上,负事故同等责任的;

3.造成公共财产或者他人财产直接损失,负事故全部或主要责任,无能力赔偿数额在 60 万元以上的。

《刑法》第 6 条 行为人在交通肇事后为逃避法律追究,将被害人带离事故现场后隐藏或者遗弃,致使被害人无法得到救助而死亡或者严重残疾的,应当分别依照《刑法》以故意杀人罪或者故意伤害罪定罪处罚。

**案**例:

2008 年 12 月 22 日20:18,被告人甲驾驶的士车行驶,车辆底部左侧及中部碾压在一男子身上,造成该男子当场死亡、车辆损坏的重大交通事故。事故发生后,被告人甲驾车逃离现场,并于次日在另一个城市更换了肇事车辆的前保险杠。经交警大队出具的交通事故认定书认定:被告人甲负此次交通事故的全部责任。

案发后,被告人甲于次日到公安机关投案自首,并向公安机关预交赔偿金 20000 元。

**解析:**

从犯罪人的行为要件来看,由于被告的违法行为,造成受害人当场死亡的犯罪结果,所以在犯罪的客观要件上看,行为人有在交通运输活动中违反交通运输管理法规的行为, 接着这种违规行为又造成了重大事故,致人重伤、死亡或者使公私财产遭受大损失的严重后果。这种行为是造成严重后果的客观原因,两者之间具有因果联系。本案被告人负此次交通事故的全部责任。因此,犯罪人具备交通犯罪的客体要件和客观要件,这就是本罪的犯罪事实。

从犯罪的主观上看,造成了该男子当场死亡、车辆损坏的重大交通事故。事故发生后,被告人驾车逃离现场,并于次日在其他市某区一个修理店更换了肇事车辆的前保险杠。犯罪人在发生犯罪后有一系列的逃避处罚行为,虽然第二天主动向司法机关自首,但是犯罪行为已经造成,又是犯罪的一般主体,符合交通肇事的主观要件,所以被告最终完全成立交通肇事罪的罪名。当然基于被告的自动投案,并积极努力向被害人赔偿民事损失,所以在量刑时应考虑从轻或减轻处罚。

# 十六、什么是非法经营罪？是如何定罪、量刑的？

非法经营罪，是指未经许可经营专营、专卖物品或其他限制买卖的物品，买卖进出口许可证、进出口原产地证明以及其他法律、行政法规规定的经营许可证或者批准文件，以及从事其他非法经营活动，扰乱市场秩序，情节严重的行为。本罪在主观方面由故意构成，并且具有谋取非法利润的目的，这是本罪在主观方面应具有的两个主要内容。如果行为人没有以谋取非法利润为目的，而是由于不懂法律、法规，买卖经营许可证的，不应当以本罪论处，应当由主管部门对其追究行政责任。

1.非法经营的非法性必须是违反了国家法律、行政法规等规范性文件。

非法经营的非法性是指违反国家规定。这个"国家规定"是指违反全国人民代表大会及其常务委员会制定的法律和决定，国务院制定的行政法规、规定的行政措施、发布的决定和命令。非法经营罪违反的国家规定是指国家关于专营、专卖物品或者其他法律法规限制买卖物品的规定，国家关于进出口许可、进出口原产地证明以及其他法律法规关于经营许可、批准的规定，所以不是指违反一般的关于经营的法规。无照经营或者超越经营范围本身并不是非法经营，只有当无照经营或者超越经营范围的行为是需要行政许可才能经营时，才属于刑法意义上的非法经营行为。例如，营业执照中没有经营烟草的内容，但是如果超出范围经营了烟草,因为烟草属于专营物品,因而这是一种非法经营行为。但是如果超出范围经营的不是需要经过行政许可或者审批以及专营专卖或者限制性买卖的物品,则不属于非法经营行为。

2. 其他非法经营行为必须严格依照法律明文规定认定。

根据《刑法》"法无明文规定不为罪,不处罚"的基本原则,其他非法经营行为的认定应当严格按照法律明文规定进行,依法追究刑事责任。并且对于法律、行政法规或者司法解释关于其他非法经营行为的规定,应当受到"禁止适用事后法"原则的限制,否则,非法经营罪的范围将会被随意扩大。

3. 2013 年 5 月 2 日《最高人民法院、最高人民检察院关于办理危害食品安全刑事案件适用法律若干问题的解释》明文规定的两种犯罪形式。

第 11 条规定,以提供给他人生产、销售食品为目的,违反国家规定,生产、销售国家禁止用于食品生产、销售的非食品原料,情节严重的,依照刑法二百二十五条的规定以非法经营罪定罪处罚。

违反国家规定,生产、销售国家禁止生产、销售、使用的农药、兽药、饲料、饲料添加剂,或者饲料原料、饲料添加剂原料,情节严重的,依照前款的规定定罪处罚。

实施前两款行为,同时又构成生产、销售伪劣产品罪,生产、销售伪劣农药、兽药罪等其他犯罪的,依照处罚较重的规定定罪处罚。

第 12 条规定,违反国家规定,私设生猪屠宰厂(场),从事生猪屠宰、销售等经营活动,情节严重的,依照《刑法》第二百二十五条的规定以非法经营罪定罪处罚。

本罪在客观方面表现为未经许可经营专营、专卖物品或者其他限制买卖的物品、买卖进出口许可证、进出口原产地证明以及其他法律、行政法规规定的经营许可证或者批准文件，以及从事其他非法经营活动，扰乱市场秩序，情节严重的行为。

主要有以下几种行为方式：

（1）未经许可经营法律、行政法规规定的专营、专卖物品或者其他限制买卖的物品。

（2）买卖进出口许可证、进出口原产地证明以及其他法律、法规规定的经营许可证或者批准证件。

（3）其他严重扰乱市场秩序的非法经营行为，非法经营证券、期货或者保险业务，非法从事资金支付结算业务。"非法从事资金支付结算业务"是指地下钱庄非法从事商业银行才能开展的接受客户委托代收代付，从付款单位存款账户划出款项，转入收款单位存款账户，以此完成客户之间债权债务清算或资金调拨的业务活动。

（4）其他严重扰乱市场经济秩序的非法经营行为。

①非法买卖外汇。

②非法经营出版物。

③非法经营电信业务。

④在生产、销售的饲料中添加盐酸克伦特罗等禁止在饲料和动物饮用水中使用的物品。

⑤非法经营互联网业务。

⑥非法经营彩票。

**量刑：**

1. 自然人犯本罪的，处五年以下有期徒刑或者拘役，并处或者单处违法所得一倍以上五倍以下罚金;情节特别严重的,处五年以上有期徒刑,并处违法所得一倍以上五倍以下罚金或者没收财产。

2.单位犯本罪的,对单位判处罚金、对其直接负责的主管人员和其他直接责任人员,依本条规定追究刑事责任。

**(一)非法经营食盐**

【五年以下有期徒刑、拘役、单处罚金法定基准刑参照点】

非法经营食盐 20 吨以上不满 30 吨的,为拘役刑或罚金刑。非法经营食盐 30 吨的,为有期徒刑一年,每增加 6 吨,刑期增加一年。

曾因非法经营食盐行为受过两次以上行政处罚,又非法经营食盐 10 吨的,为有期徒刑六个月,每增加 2 吨,刑期增加六个月。

【五年以上有期徒刑法定基准刑参照点】

非法经营食盐 50 吨,为有期徒刑五年,每增加 10 吨,刑期增加一年。

曾因非法经营食盐行为受过两次以上行政处罚,又非法经营食盐 25 吨的,为有期徒刑五年,每增加 10 吨,刑期增加一年。

【单位犯罪责任人员法定基准刑参照点】

【升格量刑特别规定】

惯犯、利用委托代销食盐身份非法经营,依照前述法定基准刑参照点拟处罚金刑的,升格为拘役刑;拟处拘役刑的,升格为有期徒刑;拟处有期徒刑的,重处 10%。

**(二)非法经营烟草制品**

【五年以下有期徒刑、拘役法定基准刑参照点】

未经烟草专卖行政主管部门许可,无生产许可证、批发许可证、零售许可证,而生产、批发烟草制品,具有下列情形之一的,为情节严重,法定基准刑为有期徒刑一年：

1.个人非法经营数额达 5 万元,或者违法所得数额满 1 万元;

2.单位非法经营数额达 50 万元,或者违法所得数额满 10 万元;

3. 曾因非法经营烟草制品行为受过两次以上行政处罚又非法经营,数额达 2 万元的。

【五年以上有期徒刑法定基准刑参照点】

非法经营烟草制品情节特别严重的,法定基准刑为有期徒刑五年。

### 三、非法经营电信业务

【五年以下有期徒刑、拘役、单处罚金法定基准刑参照点】

非法经营电信业务数额在 150 万元以内的,为罚金刑;150 万元以上不满 200 万元的,为拘役刑;200 万元的,为有期徒刑六个月,每增加 5 万元,刑期增加一个月。

【五年以上有期徒刑法定基准刑参照点】

非法经营电信业务数额 500 万元的,为有期徒刑五年,每增加 10 万元,刑期增加一个月。

【单位犯罪责任人员法定基准刑参照点】

【升格量刑特别规定】

拟处有期徒刑的,重处 10%。

### 四、非法经营出版物

【五年以下有期徒刑、拘役、单处罚金法定基准刑参照点】

非法经营出版物数额 10 万元或者违法所得 3 万元或者经营报纸 5500 份或者期刊 5500 本或者图书 2500 册或者音像制品、电子出版物 550 张（盒）以内的,为罚金刑;非法经营数额 10 万元以上不足 12 万元或者违法所得在 3 万元以上不足 4 万元或者经营报纸 5500 份以上不足 6000 份或者期刊 5500 本以上不足 6000 本或者图书 2500 册以上不足 3000 册或者音像制品、电子出版物 550 张（盒）以上不足 600 张（盒）的，为拘役刑；非法经营数额达 12 万元或者违法所得 4 万元或者经营报纸 6000 份或者期刊 6000 本或者图书 3000 册或者音像制品、电子出版物 600 张（盒）的，为有期徒刑六个月，每增加犯罪数额 3000 元或者违法所得 800 元或者报刊 200 份或者图书 20 册或者电子出版物 20 张（盒）的，刑期增加一个月。

【五年以上有期徒刑法定基准刑参照点】

非法经营数额 25 万元或者违法所得 7 万元或者经营报纸 1.5 万份或者期刊 1.5 万本或者图书 5000 册或者音像制品、电子出版物 1500 张（盒）的，为有期徒刑五年；每增加犯罪数额 1 万元或者违法所得 1000 元或者报刊 300 份或者图书 50 册或者电子出版物 20 张（盒）的，刑期增加一个月。

【单位犯罪责任人员法定基准刑参照点】

单位犯罪的，对其直接负责的主管人员和其他直接责任人员，依照前述法定基准刑参照点量刑。

【升格量刑的特别规定】

惯犯、曾因犯罪被判刑或因非法经营受过两次以上处罚，拟处罚金刑的，升格为拘役刑；拟处拘役刑的，升格为有期徒刑；为有期徒刑的，重处 10%。

案例：

被告人甲以×公司（未经工商注册登记）业务部经理名义，与在线公司某网站达成合作协议,先后向该公司申请了4个网络域名和空间,由7135网站予以服务器代理。之后,甲未经电信管理机构或信息产业管理部门许可,利用这些网站分别办了3个足球博彩网站,网页上主要提供意甲、德甲、法甲、英超等足球赛事胜负分析、赔率信息及球赛即时信息等。甲在主页上宣称:"不惜血本的专人驻扎欧洲,探秘假球内幕,每月巨额的信息购买,加上具有数年实战经验的夜猫子的准确分析,达致75%以上的胜率。"并多次在足球报刊上刊登"有内幕贴士"的足球猛料网广告。甲采取入会付费及收取场次费的方式,每月收取会费1500元至2800元不等,收取场次费300元至700元不等。甲为经营上述网站,以其父母、妻子和本人的身份办理了10个银行账户,供会员缴费。连续6个月,甲的非法经营额达200万余元,除将部分钱款用于购买博彩信息外,还为自己购置了房产等。

解析:

甲的行为符合非法经营罪的特征。第一,甲利用互联网有偿向上网用户提供足球博彩信息牟利,是一种典型的经营行为;第二,根据规定,从事经营性互联网信息服务,应当办理经营许可证及登记手续并取得营业执照副本(网络版),甲未经有关管理部门许可,擅自提供经营性互联网信息服务,违反了《办法》的有关规定,属非法经营性质;第三,甲未经有关部门许可,利用私设的网站有偿向上网用户提供足球博彩信息,经营额达200万余元,情节特别严重,严重扰乱了足球彩票市场的正常管理秩序,属于《刑法》第225条第四项规定的其他严重扰乱市场秩序的非法经营行为。虽然《办法》对违反规定情节严重的行为没有规定追究刑事责任,但这并不影响刑法规定自身的效力,对甲应以非法经营罪定罪处罚。

## 十七、如何区分故意杀人罪、故意伤害罪、过失致人死亡罪和过失致人重伤罪? 是如何定罪、量刑的?

### 故意杀人罪

故意杀人,是指故意非法剥夺他人生命的行为。属于侵犯公民人身民主权利罪的一种,是中国刑法中少数性质最恶劣的犯罪行为之一。故意杀人罪是行为犯,只要行为人实施了故意杀人的行为,就构成故意杀人罪。由于生命权利是公民人身权利中最基本、最重要的权利,因此,不管被害人是否实际被杀,不管杀人行为处于故意犯罪的预备、未遂、中止等哪个阶段,都构成犯罪,应当立案追究。

客观方面表现在:

首先,必须有剥夺他人生命的行为,作为、不作为均可以构成。以不作为行为实施的杀人罪,只有那些对防止他人死亡结果发生负有特定义务的人才能构成。

其次,剥夺他人生命的行为必须是非法的,即违反了国家的法律。执行死刑、正当防卫均不构成故意杀人罪。经受害人同意而剥夺其生命的行为,也构成故意杀人罪。对所谓的"安乐死",仍应以故意杀人罪论处,当然,量刑时可适用从轻或减轻的规定。

再次,直接故意杀人罪的既遂和间接故意杀人罪以被害人死亡为要件,但是,只有查明行为人的危害行为与被害人死亡的结果之间具有因果关系,才能断定行为人负罪责。

**关于自杀的认定**

1.相约自杀

指相互约定自愿共同自杀的行为。因为行为人均不具有故意剥夺他人生命的行为,所以对其中自杀未遂的,一般不能认为是故意杀人罪;但是,如果行为人受托而将对方杀死,继而自杀未遂的,应构成故意杀人罪,量刑时可考虑从轻处罚;以相约自杀为名,诱骗他人自杀的,则应按故意杀人罪论处。

2.致人自杀

即由于行为人先前所实施的行为,而引起他人自杀结果的发生。对此,应区别三种情况分别处理:

(1)行为人的先前行为是正当的或只是一般错误、一般违法行为,他人自杀的主要原因是自杀者本人心胸过于狭窄,这时不存在犯罪问题。

(2)行为人先前实施了严重违法行为,结果致被害人自杀身亡的,可把致人自杀的结果作为一个严重情节考虑,将先前的严重违法行为上升为犯罪处理。如当众辱骂他人,致其当即自杀的,可对辱骂者以侮辱罪论处。

(3)行为人先前实施某种犯罪行为,引起被害人自杀的,只要行为人对这种自杀结果没有故意,应按其先前的犯罪行为定罪,而将自杀结果作为量刑时考虑的一个从重或选择较重法定刑处罚的情节。

3.逼迫、诱骗他人自杀

即行为人希望自杀人死亡，但为了掩人耳目，逃避罪责，自己不直接动手，而是通过自己的逼迫、诱骗行为促使自杀者自己动手杀死自己，即借助自杀者自己之手达到行为人欲杀死自杀者的目的。行为人的行为与结果之间存在刑法上的因果关系。关键应查明行为人是否确实有刻意追求自杀者死亡的故意，并且其行为在特定环境下是否足以导致他人实施自杀的行为，两者缺一，就不宜认定为构成故意杀人罪。

4. 教唆、帮助他人自杀

应当以故意杀人罪论处，但考虑到在教唆、帮助自杀中，自杀者的行为往往起决定作用，因此，应根据案情从宽处罚。如果行为人的行为不很积极，作用不大，主观愿望出于善意，这时可不以犯罪论处。但是，教唆精神病人或未成年人自杀，由于自杀者限于精神状态或年龄因素对于自杀缺乏正确的认识和意志控制能力，对此，不仅要以故意杀人罪论处，而且不能从轻或减轻处罚。

5. 关于"安乐死"的定性问题

对实施积极的安乐死的行为，应以故意杀人罪论处。

所谓安乐死，通常是指为免除患有不治之症、濒临死亡的患者的痛苦，受患者嘱托而使其无痛苦地死亡。安乐死分为不作为的安乐死与作为的安乐死。不作为的安乐死（消极的安乐死），是指对濒临死亡的患者，经其承诺，不采取治疗措施（包括撤除人工的生命维持装置）任其死亡的安乐死。这种行为不成立故意杀人罪。

在我国，救死扶伤是公民的道义责任，是医务人员的职业责任。对生命垂危、痛不欲生的患者，应尽量给予医务上的治疗和精神上的安慰，以减轻其痛苦。人为地提前结束患者生命的行为，还难以得到一般国民的认同，即使被害人同意，这种杀人行为也是对他人生命的侵害。特别是在法律对实行积极的安乐死的条件、方法、程序等没有明确规定的情况下，实行积极的安乐死所产生的其他一系列后果不堪设想。在法律未允许实行积极安乐死的情况下，实行积极安乐死的行为，仍然构成故意杀人罪。既不能认为这种行为不符合故意杀人罪的犯罪构成，也不宜以《刑法》第13条的但书为根据宣告无罪。当然，量刑时可以从宽处罚。

所谓大义灭亲的行为也应以故意杀人罪论处。

**既遂与未遂的区分**

区分故意杀人既遂和故意杀人未遂的界限，关键是查明行为人故意的主观状态。如果行为人明知是自己的行为会造成死亡的结果，并且希望或者放任死亡结果的发生，即使没有造成死亡结果，也应定故意杀人罪（未遂）；如果行为人明知自己的行为会发生伤害的结果，并且希望或者放任伤害结果的发生，即使由于伤势过重，出乎其意外地导致死亡的应定故意伤害罪。故意杀人罪的行为内容为剥夺他人生命，即杀人，杀人行为发生死亡结果的，成立故意杀人既遂；没有发生死亡结果的，成立故意杀人未遂、中止或者预备。

《刑法》第232条 故意杀人的，处死刑、无期徒刑或者十年以上有期徒刑；情节较轻的，处三年以上十年以下有期徒刑。

**案**例：

被告人甲到同村独身老人乙家谎称其无钱买化肥，向乙借钱。当乙借给甲500元钱后，甲见乙把剩下的钱放回柜中，便心生歹意。甲离开乙家不久又返回,谎称刚才借的钱丢失了,让乙一同出去找。在街上,当乙弯腰找钱时,甲乘其不备,用石头砸其头部,乙当即昏倒在地上,甲乘机窜入乙家,用钢筋棍将柜锁撬开,把柜中的 20000 元钱劫走。当甲出来看见乙趴在原地哼哼时,即产生杀人灭口之念,遂将乙推入路边 4 米深的沟中,逃回家中。乙被人发现后获救。

**解**析:

本案中,被告人甲有两个犯罪故意,一个是抢劫的故意,另一个是杀人的故意。最初的故意是抢劫,使用的手段是将被害人从家中骗出,在街上乘其不备用石头将其砸伤,然后窜入被害人家中将其柜中的20000 元钱抢走。在这一过程中,被告人用石头将被害人砸伤后,在被害人不能反抗的情况下乘机抢钱。因此,对被告人这一行为应定为抢劫罪。当被告人将钱劫走之后,此时其抢劫行为已经完成。当他看见被害人在原地哼哼时,又产生杀人灭口的动机,将被害人推入 4 米深的沟中。在这一过程中,被告人已没有抢劫的故意,只有杀人的故意,只是由于被害人被人发现后获救,其杀人行为未能得逞,属犯罪未遂。甲在整个犯罪过程中的行为分别符合抢劫罪和故意杀人罪两个犯罪构成,应以抢劫罪和故意杀人罪定罪处罚。

# 十八、什么是强奸罪？是如何定罪、量刑的？

❀  ❀  ❀

强奸罪，是指违背妇女意志，使用暴力、胁迫或者其他手段，强行与妇女发生性关系的行为，或者故意与不满 14 周岁的幼女发生性关系的行为。这一犯罪的主体一般是男子。教唆、帮助男子强奸妇女的女子，也可以成为强奸罪的共犯。

1. 强奸罪中的暴力、胁迫和其他手段的认定问题

"暴力手段"，是指犯罪分子直接对被害妇女采用殴打、捆绑、卡脖子、按倒等危害人身安全或者人身自由，使妇女不能抗拒的手段。

"胁迫手段"，是指犯罪分子对被害妇女威胁、恫吓，达到精神上的强制的手段。如扬言行凶报复、揭发隐私、加害亲属等相威胁，利用迷信进行恐吓、欺骗，利用教养关系、从属关系、职权以及孤立无援的环境条件，进行挟制、迫害等，迫使妇女忍辱屈从，不敢抗拒。

有教养关系、从属关系和利用职权与妇女发生性行为的，不能都视为强奸。行为人利用其与被害妇女之间特定的关系，迫使就范，如养（生）父以虐待、克扣生活费迫使养（生）女容忍其奸淫的，或者行为人利用职权，乘人之危，奸淫妇女的，都构成强奸罪。行为人利用职权引诱女方，女方基于互相利用与之发生性行为的，不定为强奸罪。

"其他手段"，是指犯罪分子用暴力、胁迫以外的手段，使被害妇女无法抗拒。例如，利用妇女患重病、熟睡之机，进行奸淫；以醉酒、药物麻

醉,以及利用或者假冒治病等等方法对妇女进行奸淫。

2. 违背妇女意志

违背妇女意志是强奸罪的本质特征,但是不能把"妇女不能抗拒"作为构成强奸罪的基本特征, 它只是判断是否违背妇女意志的客观条件之一。由于犯罪分子在实施强奸时所采用的手段和所造成的客观条件不同,对被害妇女的强制程度也有所不同,因而被害妇女对犯罪行为的反抗形式和其他表现形式也是不一样的: 有的不顾一切进行剧烈地反抗;有的胆战心惊地进行挣扎或者哀求,反抗不明显;有的则瞻前顾后,没有进行反抗,等等。因此,不能简单地以被害妇女当时有无反抗表示,作为认定强奸罪的必要条件。对妇女未做反抗或者反抗表示不明显的,要通观全案,具体分析,精心区别。

认定是否违背妇女意志,也不能以被害妇女作风好坏来划分。如果行为人使用暴力或者胁迫手段强行与生活作风不好的妇女发生性行为的,仍应以强奸罪论处。

1. 罪与非罪的界限

(1)强奸罪与通奸行为

在男女发生性行为前,既不违背妇女意志,又无勉强女方变范的行为,双方从内心到外部表现形式完全自愿,属典型的通奸行为。即使事后,因被揭穿,女方为保住自己的脸面而告男方强奸,或因女方事后反悔而告男方强奸,均不能定强奸罪。

(2)对"半推半就"的奸淫行为的认定

所谓半推半就,是指行为人与妇女发生性行为时,该妇女既有"就"的一面,即同意的表现,又有"推"的一面,即不同意的表现。应当全面审查男女双方的关系怎样,性行为发生的时间、地点、环境条件如何,行奸后妇女的态度如何,该妇女的道德品行、生活作风情况,等等。如果查明"就"是主要的,则属假推真就,不能视为违背妇女意志而以该罪治罪科刑。反之,"推"是主要的,应认定为违背妇女意志,以强奸罪论处。

### 2. 既遂与未遂的界限

我国司法实践中是以"插入"为认定标准的,即男子的生殖器插入女子的体内为犯罪既遂,至于是否射精与既遂、未遂无关。但有一个特例,如果强奸的是幼女,则以"接触"为认定标准,即男子的生殖器与幼女的生殖器接触就算犯罪既遂。

### 3. 丈夫强奸妻子是否构成"强奸罪"?

通说观点认为,由于有合法的夫妻关系的存在,一方有权利要求另一方履行性行为的义务(同居义务),即使丈夫的行为对妻子的性自由权利有侵害也不构成犯罪。在我国无论是立法还是执法,一般都不把丈夫强迫妻子性交视为强奸犯罪。

### 4. "强奸"男性是否构成强奸罪?

《刑法》对于强奸罪的对象仅仅限定在女性,并未将强行与男性发生性关系进行法律规范。根据法无规定不为罪的原则,"强奸"男性行为并不构成犯罪,当然也不构成强奸罪。假如行为人把男的误认为妇女而着手实行强奸,并且完成"强奸行为",并不构成强奸罪。调查近几年的案例,法院判决大多是"故意伤害罪"。如果由于对象是男性而强奸不能的情况下,以强奸未遂定罪。视当时情况,如果是故意轻伤,不存在犯罪未遂问题。重伤意图非常明显,且已经着手实行重伤行为,由于意志以外的原因未得逞的,应按故意重伤(未遂)论处。

**量刑：**

《刑法》第 236 条 以暴力、胁迫或者其他手段强奸妇女的，处三年以上十年以下有期徒刑，奸淫不满十四周岁的幼女的，以强奸论，从重处罚。强奸妇女、奸淫幼女，有下列情形之一的，处十年以上有期徒刑、无期徒刑或者死刑；

（一）强奸妇女、奸淫幼女情节恶劣的；

（二）强奸妇女、奸淫幼女多人的；

（三）在公共场所当众强奸妇女的；

（四）二人以上轮奸的；

（五）致使被害人重伤、死亡或者造成其他严重后果的。

强奸"致人重伤、死亡"，是指因强奸妇女、奸淫幼女导致被害人性器官严重损伤或者造成其他严重伤害，甚至当场死亡或者经治疗无效死亡的。

对于强奸犯出于报复、灭口等动机，在实施强奸的过程中，杀死或者伤害被害妇女、幼女的，应分别定为强奸罪、故意杀人罪或者故意伤害罪，按数罪并罚惩处。

**案例：**

被告人甲到"花仙子按摩厅"将女服务员乙带到附近的"好有缘宾馆"306 房间内为其按摩，按摩几分钟后，甲脱掉衣裤又让乙继续为其按摩。此时，甲便产生了与乙发生性关系的念头，遂起身强行拉乙，乙挣脱欲开门出房，被甲追上，甲将乙拉住，并将乙甩倒在床上。乙翻身奔至窗前,甲隔床对乙骂道:"你不从我就杀了你。"乙见状将裤子向甲扔去,趁甲接裤子之机,翻过落地窗栏杆,从窗口跳下,坠落在十多米高的坝子内,造成全身多处重伤。

**解析:**

被告人甲的行为构成强奸罪未遂。甲先让乙为其按摩,隔了几分钟后,又脱掉衣裤让乙继续为其按摩,随即产生了与乙发生性关系的念头,因乙不从,并使用了暴力,违背妇女意志,以着手实施强行与之发生性交行为,符合《刑法》第236条之规定,已构成强奸罪。在采用暴力强行和乙发生性关系未果的情况下,以语言进行威胁,乙见状将裤子扔向甲后,趁机翻过落地窗栏杆,从窗口跳出,坠落在十多米高的坝子内,造成乙重伤,应认定是甲的犯罪行为仍在继续。由于意志以外的原因——乙惧怕被告人的威胁,不愿和甲发生性关系而跳楼形成重伤,该原因是违背犯罪分子甲的本意,使其客观上不能达到强奸之目的,其行为符合"已着手实行犯罪,由于犯罪分子意志以外的原因而未得逞"的特征,应认定为犯罪未遂,故应认定甲的行为属于强奸未遂,应以强奸罪定罪处罚。

## 十九、什么是非法拘禁罪? 是如何定罪、量刑的?

非法拘禁罪,是指以拘押、禁闭或者其他强制方法,非法剥夺他人人身自由的行为。

我国宪法第 37 条规定："中华人民共和国公民的人身自由不受侵犯。任何公民,非经人民检察院批准或者决定或者人民法院决定,并由公安机关执行,不受逮捕,禁止非法拘禁和以其他方法非法剥夺或者限制公民的人身自由。"因此,非法拘禁是一种严重剥夺公民身体自由的行为。

这里的"他人"没有限制,既可以是守法公民,也可以是犯有错误或有一般违法行为的人,还可以是犯罪嫌疑人。行为的特征是非法拘禁他人或者以其他方法非法剥夺他人的身体自由。凡符合这一特征的均应认定为非法剥夺人身自由罪,如非法逮捕、拘留、监禁、扣押、绑架,办封闭式"学习班"、"隔离审查"等均是非法剥夺人身自由。

概括起来分为两类:一类是直接拘束人的身体,剥夺其身体活动自由,如捆绑;另一类是间接拘束人的身体,剥夺其身体活动自由,即将他人监禁于一定场所,使其不能或明显难以离开、逃出。剥夺人身自由的方法既可以是有形的,也可以是无形的。例如,将妇女洗澡时的换洗衣服拿走,使其基于羞耻心无法走出浴室的行为,就是无形的方法。此外,无论是以暴力、胁迫方法拘禁他人,还是以欺诈方法拘禁他人,均不影响非法拘禁罪的成立。

非法剥夺人身自由是一种持续行为,即该行为在一定时间内处于继续状态,使他人在一定时间内失去身体自由,不具有间断性。时间持续的长短不影响非法拘禁罪的成立,只影响量刑。但时间过短、瞬间性地剥夺人身自由的行为,则难以认定成立非法拘禁罪。

剥夺人身自由的行为必须是非法的。司法机关根据法律规定,对于有犯罪事实和重大嫌疑的人采取拘留、逮捕等限制人身自由的强制措施的行为,不成立非法拘禁罪。但发现不应拘捕时,借故不予释放,继续羁押的,则应认为是非法剥夺人身自由。对于正在实行犯罪或犯罪后及时被发觉的、通缉在案的、越狱逃跑的、正在被追捕的人,群众依法扭送至司法机关的,是一种权利,而不是非法剥夺人身自由。依法收容精神病患者的,也不是非法剥夺人身自由的行为。

**量刑:**

根据《刑法》第 238 条第 1 款、第 2 款的规定,犯非法拘禁罪的,处 3 年以下有期徒刑、拘役、管制或者剥夺政治权利,具有殴打、侮辱情节的,从重处罚。犯非法拘禁罪致人重伤的,处 3 年以上 10 年以下有期徒刑;致人死亡的,处 10 年以上有期徒刑。使用暴力致人伤残、死亡的,依照本法以故意伤害罪、故意杀人罪的规定定罪处罚。国家机关工作人员利用职权犯非法拘禁罪的,从重处罚。

所谓具有殴打、侮辱情节,是指为实行非法拘禁而在拘禁过程中进行殴打或侮辱。作为非法拘禁罪严重情况的殴打、侮辱是否包括殴打、侮辱行为独立构成犯罪的情形,应当包括轻伤罪和侮辱罪在内,但是不应包括重伤害的故意伤害罪在内,对于过失造成重伤的,应适用非法拘禁罪的加重结果犯之法定刑;故意造成重伤的,则应根据本条第 2 款的转化犯规定,以故意伤害罪论处。

所谓"致人重伤"、"致人死亡"仅仅是指过失致人重伤、致人死亡,且不包括以轻伤为故意而过失地造成重伤的情形在内,因为这种情形仍为故意重伤罪的范畴。

所谓为索取债务非法扣押、拘禁他人,指的是为索取合法债务的情形。《刑法》第 238 条第 3 款明确规定,"为索取债务而非法扣押、拘禁他人的",依照非法拘禁罪的规定处罚。如果是行为人为索取非法财物而扣押、拘禁他人的,按照司法解释仍定非法拘禁罪。

行为人为索取高利贷、赌债等不受法律保护的债务,非法扣押、拘禁他人的,依照《刑法》第 238 条的规定定罪处罚。

国家机关工作人员利用职权犯非法拘禁罪从重处罚,仅限于"利用职权"的情形;没有利用职权的,不得从重处罚。另外,应当注意,行为人非法拘禁具有多个从重处罚情节的,应在更大幅度上从重处罚。比如国家机关工作人员利用职权非法拘禁,又具有殴打、侮辱情节的,就属于这种情况。

**拘禁婴儿、高度精神病人**

非法拘禁罪的行为对象必须是有场所移动自由的自然人。由于人的行动是受意识支配的,所以身体活动自由就是意思活动的自由,这种自由是事实状态的,而不以行动者在法律上具有责任能力和法律行为能力为限。至于婴儿、高度精神病人等缺乏变更其所停留场所的意思决定能力,完全没有行动自由,不能成为非法拘禁罪的行为对象。借助拐杖可以移动的人、能够独自移动的幼儿等,则能够成为非法拘禁罪的侵害对象。

根据《刑法》的规定,对非法拘禁罪的处罚分为以下几种情况:

1. 非法拘禁他人或者以其他方法非法剥夺他人人身自由的,处三年以下有期徒刑、拘役、管制或者剥夺政治权利。具有殴打、侮辱情节的,从重处罚。"殴打、侮辱",主要是指在非法拘禁的过程中,对被害人实施了殴打、侮辱行为,如打骂、游街示众等。

2. 非法拘禁他人或者以其他方法非法剥夺他人人身自由,致人重伤的,处三年以上十年以下有期徒刑;致人死亡的,处十年以上有期徒刑。"致人重伤",是指在非法拘禁过程中,由于捆绑过紧、长期囚禁、进行虐待等致使被害人身体健康受到重大伤害的;被害人在被非法拘禁期间不堪忍受,自伤自残,身体健康受到重大伤害的。"致人死亡",是指在非法拘禁过程中,由于捆绑过紧、用东西堵住嘴导致窒息等致使被害人死亡的,以及被害人在被非法拘禁期间自杀身亡的。

3. 如果在非法拘禁他人或者以其他方法非法剥夺他人人身自由的过程中,使用暴力致人伤残、死亡的,按照故意伤害罪或者杀人罪的规定定罪处罚。"用暴力致人伤残、死亡",是指在非法拘禁的同时,故意使用暴力损害被害人的身体健康或者杀害被害人,致使被害人伤残、死亡的。

4. 国家机关工作人员利用职权犯非法拘禁罪的,应当从重处罚。对具有为索取债务非法扣押、拘禁他人的行为,也要按照非法拘禁罪处罚。"为索取债务非法扣押、拘禁他人",是指为了胁迫他人履行合法的债务,而将他人非法扣留,剥夺其人身自由的行为。这种行为虽然在特征上与一般的非法拘禁不同,其目的不在于剥夺他人的人身自由,而是以剥夺他人人身自由为手段,来胁迫他人履行债务,但是客观上已经造成对被害人人身自由的侵害,也应当按照非法拘禁罪处理。如果国家机关工作人员利用职权,为索取债务非法扣押、拘禁他人的,则应当从重处罚。

**案例:**

某公安局局长张某在接到某市检察院不批准犯罪嫌疑人高某的情况下,不依照检察机关不批准逮捕的决定及时释放犯罪嫌疑人。在检察机关发出纠正违法通知书后,张某仍坚持错误意见,致使高某被非法羁押3个月。

**解**析:

司法机关工作人员根据法律规定,对于有犯罪事实和犯罪重大嫌疑的人,依法采取拘留、逮捕等措施的,不成立本罪。依照法定程序拘捕了嫌疑人,但后经查证该人无罪,只能认为是错误拘捕,不认定为非法拘禁罪。但发现不应拘捕时,借故不予以释放,继续羁押的,或者故意超期羁押的,是一种故意、持续、非法剥夺他人人身自由的行为,应认定为非法拘禁罪。

## 二十、什么是绑架罪？是如何定罪、量刑的？

绑架罪,是指勒索财物或者其他目的,使用暴力、胁迫或者其他方法,绑架他人的行为,或者绑架他人作为人质的行为。

暴力,是指行为人直接对被害人进行捆绑、堵嘴、蒙眼、装麻袋等人身强制或者对被害人进行伤害、殴打等人身攻击手段。

胁迫,是指对被害人实行精神强制,或者对被害人及其家属以实施暴力相威胁。

其他方法,是指除暴力胁迫以外的方法,如利用药物、醉酒等方法使被害人处于昏迷状态等。这三种犯罪手段的共同特征,是使被害人处于不能反抗或者不敢反抗的境地,将被害人非法绑架离开其住所或者所在地,并置于行为人的直接控制之下,使其失去行动自由的行为。法律只要求行为人具有绑架他人其中一种手段就构成本罪。

"以勒索财物为目的的绑架他人",是指采用暴力、胁迫或者麻醉的方法,强行将他人劫持,以杀害、杀伤或者不归还人质相要挟,勒令与人质有关的亲友,在一定期限内交出一定财物,以钱赎人。这里的"财物"应从广义上理解,不局限于钱财,也包括其他财产利益。"绑架他人作为人质",是指出于政治性目的,逃避追捕或者要求司法机关释放罪犯等其他目的,劫持他人作为人质。

**绑架罪的罪数形态问题**

1. 致人重伤或死亡的情形。犯罪分子在绑架行为实施过程中,除了非法劫持人质剥夺其人身自由权,有时还造成被害人重伤和死亡结果的发生。那么是否定绑架罪和故意伤害罪、故意杀人罪,实行数罪并罚?在这种情况下,不应按数罪并罚来处理,行为人实施绑架致人重伤、死亡结果的发生有时并不是犯罪分子追求的结果,而是绑架行为的连带行为,这种严重的法律后果并非出于行为人主观上的两种独立的犯意,也非两个独立行为,刑法理论上称之为想象竞合犯,即行为人出于一个故意,实施一种行为"绑架殴打致人重伤或死亡"。结果触犯数个不同罪名,是想象的数罪而不是实质数罪,应当择一重罪处断,以绑架罪结果犯量刑处罚。因为重伤或死亡作为绑架罪判处死刑的法定情节,作为包容犯可作为绑架情节从重处罚。

2. 绑架人质,同时劫取财物。应以绑架罪和抢劫罪定罪处罚。应该将绑架行为和劫钱行为看作是在两种不同主观意识支配下的两个独立犯罪行为。《刑法》关于绑架罪和抢劫罪并未规定两者可以相互吸收和包容。

**量刑：**

依照《刑法》第 239 条第 1 款的规定，犯本罪的，处十年以上有期徒刑或者无期徒刑，并处罚金或者没收财产；情节较轻的，处五年以上十年以下有期徒刑，并处罚金。犯前款罪，致使被绑架人死亡或者杀害被绑架人的，处死刑，并处没收财产。以勒索财物为目的偷盗婴幼儿的，依照前两款的规定处罚。

1."致使被绑架人死亡"，是指由于在绑架过程中对被绑架人使用暴力或者进行虐待等导致被绑架人死亡以及被绑架人在绑架过程中自杀身亡的行为。"杀害被绑架人"，是指在劫持被绑架人后，由于勒索财物或者其他目的没有实现以及其他原因，故意将被绑架人杀害的行为。

2. 由于法律对绑架致使被害人死亡或者杀害被绑架人的行为，立法上采用的是绝对确定的法定刑，而且是处死刑，实践中一般严格适用。

绑架他人后，又实施故意伤害，故意杀人行为的，被绑架罪所包容，不单独定罪。如实施强奸等行为的，则应实行数罪并罚。

**案例：**

甲得知李某买彩票中大奖的情况后，便与其胞弟乙、丙商量绑架李的儿子李小某，以勒索钱财。一日，甲、乙、丙在被害人李小某上学的路上守候。当李小某经过时，丙即上前将李小某抱走。然后三人将其绑架至一间旧房子里,不久又将李小某转移到附近的草丛中。7时许,被告人甲与乙乘车到老城镇,欲打电话与被害人的家属联系未果,二人便又乘车到市中心一店铺处,被告人甲给李某打电话,叫李准备人民币6万元赎金。半小时后,二人又到他处,由乙再次给李某打电话,叫李准备好钱,并威胁李不准报警。之后,二人返回村中。甲叫丙去探听消息,丙将打听到李某已报警的消息告诉甲。甲便交代杀掉人质,乙遂用红领巾将李小某勒死。然后被告三人逃离现场,后被抓获归案。

**解析:**

被告人甲、乙、丙以勒索财物为目的,绑架并杀害人质,其行为已构成绑架罪,且犯罪情节恶劣,后果严重,应依法严惩。被告三人归案后,虽能坦白交代其罪行,但其不具备自首和立功的法定从轻情节,尚不足以对其从轻处罚。三人在此案中都积极参与,都是主犯,应以绑架罪定罪处罚。

## 二十一、如何区分抢劫罪和盗窃罪? 是如何定罪、量刑的?

抢劫罪是以非法占有为目的,对财物的所有人、保管人当场使用暴力、胁迫或其他方法,强行将公私财物抢走的行为。

所谓暴力,是指对财物的所有人、管理人、占有人的人身实施不法的打击或强制,致使被害人不能反抗的行为,如殴打、捆绑、伤害、禁闭等,只要行为足以压制受害人的反抗即可。

所谓胁迫,是指对被害人以当场实施暴力相威胁,进行精神强制,从而使其产生恐惧而不敢反抗,任其抢走财物或者被迫交出财物的行为,胁迫的内容是当场对被害人施以暴力。胁迫的方式则多种多样,有的是语言,有的是动作,如拔出身带之刀;有的还可能是利用特定的危险环境进行胁迫,如在夜间偏僻的地区,喝令他人"站住,交出钱来",使被害人产生恐惧,不敢反抗,亦可构成本罪的威胁。胁迫必须是向被害人当面发出。如果不是向被害人当面发出,而是通过书信或者他人转告的方式让被害人得知,则亦不是本罪的胁迫。

所谓其他方法,是指使用暴力、胁迫以外的方法使得被害人不知反抗或无法反抗,而当场劫取财物的行为。如用酒灌醉、用药物麻醉、利用催眠术催眠、将清醒的被害人乘其不备锁在屋内致其与财产隔离等方法劫取他人财物。行为人如果没有使他人处于不知反抗或无法反抗的状态,而是借用了被害人自己因患病、醉酒、熟睡或他人致使其死亡、昏迷等而不知反抗或无法反抗的状态拿走或夺取财物的,不构成本罪,构成盗窃罪。

1.抢劫罪的构成

应以犯罪人是否基于非法占有财物为目的,当场是否实际采取了暴力、胁迫或者其他方法为标准,不是以其事先预备为标准。

抢劫罪的目的是强行劫取公私财物。强行劫取财物主要表现为两种情况:一是行为人当场直接夺取、取走被害人占有的财物;二是迫使被害人当场直接交出财物。

抢劫罪的作案现场,无论是拦路抢劫还是入室抢劫,都不影响抢劫罪的成立。

2.不构成本罪的情形

（1）青少年偶尔进行恶作剧式的抢劫行为很有节制、数额极其有限,如强索少量财物,抢吃少量食品等,由于情节显著轻微,危害不大,属于一般违法行为,尚不构成抢劫罪。

（2）因为婚姻、家庭纠纷,一方抢回彩礼、陪嫁物,或者强行分割并拿走家庭共有财产的,即使抢回、拿走的份额多了,以及类似的民事纠纷,也属于民事、婚姻纠纷中处理方法不当的问题,不具有非法强占他人财物的目的,不构成抢劫罪。

（3）行为人仅以所输赌资或所赢赌资作为抢劫对象的,也不构成抢劫罪。

（4）为子女离婚、出嫁女儿暴死等事情所激怒,而纠集亲友多人去砸毁对方家庭财物,抢吃粮菜鸡猪,属于婚姻家庭纠纷中的泄愤、报复行为,一般应做好调解工作,妥善处理,不要作为抢劫论处。

**量刑:**

1.《刑法》第263条 以暴力、胁迫或者其他方法抢劫公私财物的,处3年以上10年以下有期徒刑,并处罚金;

《刑法》第269条 犯盗窃、诈骗、抢夺罪,为窝藏赃物、抗拒抓捕或者毁灭罪证而当场使用暴力或者以暴力相威胁的,依照本法第263条的规定定罪处罚。

携带凶器抢夺的,依照本法第263条的规定定罪处罚。

《刑法》第289条 聚众"打砸抢",致人伤残、死亡的,依照本法第

234条、第232条的规定定罪处罚。毁坏或者抢走公私财物的,除判令退赔外,对首要分子,依照本法第263条的规定定罪处罚。

2.加重处罚的情形:有下列情形之一的,处10年以上有期徒刑、无期徒刑或者死刑,并处罚金或者没收财产:

①入户抢劫的;

②在公共交通工具上抢劫的;

③抢劫金融机构的;

④多次抢劫或抢劫巨额的;

⑤抢劫致人重伤、死亡的;

⑥冒充军警抢劫的;

⑦持枪抢劫的;

⑧抢劫军用物资或者抢险、救灾、救济物资的。

## 最高人民法院印发
## 《关于抢劫、抢夺刑事案件适用法律若干问题的意见》的通知

### 1.关于"入户抢劫"的认定

根据《抢劫解释》第一条的规定,认定"入户抢劫"时,应当注意以下三个问题:一是"户"的范围。"户"在这里是指住所,其特征表现为供他人家庭生活和与外界相对隔离两个方面,前者为功能特征,后者为场所特征。一般情况下,集体宿舍、旅店宾馆、临时搭建工棚等不应认定为"户",但在特定情况下,如果确实具有上述两个特征的,也可以认定为"户"。二是"入户"目的的非法性。进入他人住所应以实施抢劫等犯罪为目的。抢劫行为虽然发生在户内,但是行为人不以实施抢劫等犯罪为目

的进入他人住所，而是在户内临时起意实施抢劫的，不属于"入户抢劫"。三是暴力或者暴力胁迫行为必须发生在户内。入户实施盗窃被发现，行为人为窝藏赃物、抗拒抓捕或者毁灭罪证而当场使用暴力或者以暴力相威胁的，如果暴力或者暴力胁迫行为发生在户内，可以认定为"入户抢劫"；如果发生在户外，不能认定为"入户抢劫"。

### 2. 关于"在公共交通工具上抢劫"的认定

公共交通工具承载的旅客具有不特定多数人的特点。根据《抢劫解释》第二条的规定，"在公共交通工具上抢劫"主要是指在从事旅客运输的各种公共汽车、大型或中型出租车、火车、船只、飞机等正在运营中的机动公共交通工具上对旅客、司售、乘务人员实施的抢劫。在未运营中的大型或中型公共交通工具上针对司售、乘务人员抢劫的，或者在小型出租车上抢劫的，不属于"在公共交通工具上抢劫"。

### 3. 关于"多次抢劫"的认定

《刑法》第263条第(四)项中的"多次抢劫"是指抢劫三次以上。对于"多次"的认定，应以行为人实施的每一次抢劫行为均已构成犯罪为前提，综合考虑犯罪故意的产生、犯罪行为实施的时间和地点等因素，客观分析、认定。对于行为人基于一个犯意实施犯罪的，如在同一地点同时对在场的多人实施抢劫的，或基于同一犯意在同一地点实施连续抢劫犯罪的，如在同一地点连续地对途经此地的多人进行抢劫的，或在一次犯罪中对一栋居民楼房中的几户居民连续实施入户抢劫的，一般应认定为一次犯罪。

### 4. 关于"携带凶器抢夺"的认定

根据《抢劫解释》第六条的规定，"携带凶器抢夺"是指行为人随身携带枪支、爆炸物、管制刀具等国家禁止个人携带的器械进行抢夺或者为了实施犯罪而携带其他器械进行抢夺的行为。行为人随身携带国家禁止个人携带的器械以外的其他器械抢夺，但有证据证明该器械确实不是为了实施犯罪准备的，不以抢劫罪定罪；行为人将随身携带的凶器有意加以显示、能为被害人察觉到的，直接适用《刑法》第二百六十三条的规定定罪处罚；行为人携带凶器抢夺后，在逃跑过程中为窝藏赃物、抗拒抓捕或者毁灭罪证而当场使用暴力或者以暴力相威胁的，适用《刑法》第二百六十七条第二款的规定定罪处罚。

### 5. 关于转化抢劫的认定

行为人实施盗窃、诈骗、抢夺行为，未达到"数额较大"，为窝藏赃物、抗拒抓捕或者毁灭罪证当场使用暴力或者以暴力相威胁，情节较轻、危害不大的，一般不以犯罪论处。但具有下列情节之一的，可依照《刑法》第二百六十九条的规定，以抢劫罪定罪处罚：(1)盗窃、诈骗、抢夺接近"数额较大"标准的；(2)入户或在公共交通工具上盗窃、诈骗、抢夺后在户外或交通工具外实施上述行为的；(3)使用暴力致人轻微伤以上后果的；(4)使用凶器或以凶器相威胁的；(5)具有其他严重情节的。

### 6. 关于抢劫犯罪数额的计算

抢劫信用卡后使用、消费的，其实际使用、消费的数额为抢劫数额；抢劫信用卡后未实际使用、消费的，不计数额，根据情节轻重量刑。所抢信用卡数额巨大，但未实际使用、消费或者实际使用、消费的数额未达到巨大标准的，不适用"抢劫数额巨大"的法定刑。

为抢劫其他财物，劫取机动车辆当作犯罪工具或者逃跑工具使用的，被劫取机动车辆的价值计入抢劫数额；为实施抢劫以外的其他犯罪劫取机动车辆的,以抢劫罪和实施的其他犯罪实行数罪并罚。

抢劫存折、机动车辆的数额计算,参照执行《关于审理盗窃案件具体应用法律若干问题的解释》的相关规定。

### 7. 关于抢劫特定财物行为的定性

以毒品、假币、淫秽物品等违禁品为对象,实施抢劫的,以抢劫罪定罪;抢劫的违禁品数量作为量刑情节予以考虑。抢劫违禁品后又以违禁品实施其他犯罪的,应以抢劫罪与具体实施的其他犯罪实行数罪并罚。

抢劫赌资、犯罪所得的赃款赃物的,以抢劫罪定罪,但行为人仅以其所输赌资或所赢赌债为抢劫对象,一般不以抢劫罪定罪处罚。构成其他犯罪的,依照《刑法》的相关规定处罚。

为个人使用,以暴力、胁迫等手段取得家庭成员或近亲属财产的,一般不以抢劫罪定罪处罚,构成其他犯罪的,依照《刑法》的相关规定处理;教唆或者伙同他人采取暴力、胁迫等手段劫取家庭成员或近亲属财产的,以抢劫罪定罪处罚。

### 8. 关于抢劫罪数的认定

行为人实施伤害、强奸等犯罪行为,在被害人未失去知觉,利用被害人不能反抗、不敢反抗的处境,临时起意劫取他人财物的,应以此前所实施的具体犯罪与抢劫罪实行数罪并罚;在被害人失去知觉或者没有发觉的情形下,以及实施故意杀人犯罪行为之后,临时起意拿走他人财物的,应以此前所实施的具体犯罪与盗窃罪实行数罪并罚。

### 9. 抢劫罪的既遂、未遂的认定

抢劫罪侵犯的是复杂客体,既侵犯财产权利,又侵犯人身权利,具备劫取财物或者造成他人轻伤以上后果两者之一的,均属抢劫既遂;既未劫取财物,又未造成他人人身伤害后果的,属抢劫未遂。据此,《刑法》第二百六十三条规定的八种处罚情节中除"抢劫致人重伤、死亡的"这一结果加重情节之外,其余七种处罚情节同样存在既遂、未遂问题,其中属抢劫未遂的,应当根据《刑法》关于加重情节的法定刑规定,结合未遂犯的处理原则量刑。

### 10. 驾驶机动车、非机动车夺取他人财物行为的定性

对于驾驶机动车、非机动车(以下简称"驾驶车辆")夺取他人财物的,一般以抢夺罪从重处罚。但具有下列情形之一,应当以抢劫罪定罪处罚:(1)驾驶车辆,逼挤、撞击或强行逼倒他人以排除他人反抗,乘机夺取财物的;(2)驾驶车辆强抢财物时,因被害人不放手而采取强拉硬拽方法劫取财物的;(3)行为人明知其驾驶车辆强行夺取他人财物的手段会造成他人伤亡的后果,仍然强行夺取并放任造成财物持有人轻伤以上后果的。

**案例:**

甲和乙是一对生意场上的老朋友。2005年7月,甲因经营失误,造成了严重亏损,致使一直资金短缺。同年8月,乙由于周转急需,要求甲支付尚欠的11万元货款,但甲无能为力。转眼过了三个月,乙见甲仍分文未付,便下了最后通牒:如7日内不付清欠款,将在法庭上见。甲最担心的也正是这个,怎么办呢? 想来想去还真想出了一个办法。于是他叫来三位好友,然后打电话给乙,要乙带欠条来其家取款。乙如约而至后,甲便撕下了伪装,要钱没有,欠条必须交出。乙不干,甲等便对乙大打出

手并致其轻微伤。乙无奈,被迫交出欠条,甲当场撕毁后仍觉不稳妥,又逼乙写下了一份收条。

**解析:**

抢劫罪是指以非法占有为目的,以暴力、胁迫或者其他手段,强行劫取或者迫使他人当场交出公私财物的行为。

1. 欠条属于财物,甲侵犯的是乙的合法财产。抢劫罪所侵犯的财产不仅仅是有形的实实在在的财产,也包括具有财产属性的凭证。欠条本身虽然不是财产,但是体现了财产权利,具有财产属性,一旦欠条失去,债权人便丧失了法律上的债权依据,从而导致财产权的丧失。

2. 撕毁欠条属于非法占有。一方面,由于甲无权撕毁欠条,也无拥有欠款的法律依据,致使其行为非法;另一方面,甲撕毁欠条的目的是赖账,让自己不再支付本应支付的欠款,也就是通过他人丧尸权利而使自身获取利益,即占有。

3. 乙交出欠条属当场交付财物。如果乙仍拥有欠条,便有权要求甲支付,财产所有权仍属于乙,甲的占有仅仅是暂时的,只有在欠条被撕毁、乙被逼写下收条后,甲才实际增加了自身的财产,乙才实际失去了自己的财产。也就是说,结果与当场抢到的财物相同。

4. 甲是以暴力的手段逼迫乙交出欠条,甲的行为符合抢劫罪的构成要件,应以抢劫罪定罪处罚。

根据《最高人民法院量刑规范化》,抢劫数额超过 2000 元的,致使被害人轻微伤并且是有预谋抢劫的,应该判处 6 年以上 15 年以下有期徒刑。

## 二十二、什么是诈骗罪？是如何定罪、量刑的？

诈骗罪是指以非法占有为目的,用虚构事实或者隐瞒真相的方法,骗取数额较大的公私财物的行为。诈骗罪侵犯的对象,仅限于国家、集体或个人的财物,而不是骗取其他非法利益。其对象,也应排除金融机构的贷款,因《刑法》已于第一百九十三条特别规定了贷款诈骗罪。

本罪客观上表现为使用欺诈方法骗取数额较大的公私财物。

首先,行为人实施了欺诈行为。欺诈行为从形式上说包括两类,一是虚构事实,二是隐瞒真相,二者从实质上说都是使被害人陷入错误认识的行为。欺诈行为的内容是,在具体状况下,使被害人产生错误认识,并做出行为人所希望的财产处分。因此,不管是虚构、隐瞒过去的事实,还是当下的事实与将来的事实,只要具有上述内容的,就是一种欺诈行为。如果欺诈内容不是使他们作出财产处分的,则不是诈骗罪的欺诈行为。欺诈行为必须达到使一般人能够产生错误认识的程度,对自己出卖的商品进行夸张,没有超出社会容忍范围的不是欺诈行为。欺诈行为的手段、方法没有限制,既可以是语言欺诈,也可以是动作欺诈(欺诈行为本身既可以是作为,也可以是不作为,即有告知某种事实的义务,但不履行这种义务,使对方陷入错误认识或者继续陷入错误认识),行为人利用这种认识错误取得财产的,也是欺诈行为。根据《刑法》第300条的规定,组织和利用会道门、邪教组织或者利用迷信骗取财物的以诈骗罪论处。

其次,欺诈行为使对方产生错误认识。对方产生错误认识是行为人的欺诈行为所致,即使对方在判断上有一定的错误,也不妨碍欺诈行为的成立。在欺诈行为与对方处分财产之间,必须介入对方的错误认识。如果对方不是因欺诈行为产生错误认识而处分财产,就不成立诈骗罪。欺诈行为的对方只要求是具有处分财产的权限或者地位的人,不要求一定是财物的所有人或占有人。行为人以提起民事诉讼为手段,提供虚假的陈述、提出虚伪的证据,使法院做出有利于自己的判决,从而获得财产的行为,称为诉讼欺诈,但不成立诈骗罪(详见最高人民检察院法律政策研究室 2002 年 10 月 14 日《关于通过伪造证据骗取法院民事裁判占有他人财物的行为如何适用法律问题的答复》)。

第三,成立诈骗罪要求被害人陷入错误认识之后做出财产处分。财产处分包括处分行为与处分意思,做出这样的要求是为了区分诈骗罪与盗窃罪。处分财产表现为直接交付财产,或者承诺行为人取得财产,或者承诺转移财产性利益。行为人实施欺诈行为,使他人放弃财物,行为人拾取该财物的,也应以诈骗罪论处。但是,向自动售货机中投入类似硬币的金属片,从而取得售货机内的商品的行为,不构成诈骗罪,只能成立盗窃罪。

第四,欺诈行为使被害人处分财产后,行为人便获得财产,从而使被害人的财产受到损害。根据《刑法》第 266 条的规定,诈骗公私财物数额较大的,才构成犯罪。根据 2010 年 11 月 24 日最高人民检察院第十一届监察委员会第 49 次会议通过的最新司法解释,诈骗罪的数额较大,以三千元至一万元以上为起点。诈骗未遂,情节严重的,也应当定罪并依法处罚。

此外,需要注意的是,诈骗罪并不限于骗取有体物,还包括骗取无形物与财产性利益。根据《刑法》第210条的有关规定,使用欺骗手段骗取增值税专用发票或者可以用于骗取出门退税、抵扣税款的其他发票的,成立诈骗罪。

**量刑:**

《刑法》第266条 诈骗公私财物,数额较大的,处三年以下有期徒刑、拘役或者管制,并处或者单处罚金;数额巨大或者有其他严重情节的,处三年以上十年以下有期徒刑,并处罚金;数额特别巨大或者有其他特别严重情节的,处十年以上有期徒刑或者无期徒刑,并处罚金或者没收财产。本法另有规定的,依照规定。

根据《最高人民法院、最高人民检察院关于办理诈骗刑事案件具体应用法律若干问题的解释》(2011年4月8日起施行)的规定:诈骗公私财物价值三千元至一万元以上和三万元至十万元以上、五十万元以上的,应当分别认定为《刑法》第二百六十六条规定的"数额较大"与"数额巨大"、"数额特别巨大"。

骗公私财物达到上述规定的数额标准,具有下列情形之一的,能够依照《刑法》第266条的规定酌情从严惩处:

1.通过发送短信和拨打电话或者利用互联网、广播电视、报刊杂志等发布虚假信息,对不特定多数人实施诈骗的;

2.诈骗救灾和抢险、防汛、优抚、扶贫、移民、救济、医疗款物的;

3.以赈灾募捐名义实施诈骗的;

4.诈骗残疾人、老年人或者丧失劳动能力人的财物的；

5.造成被害人自杀、精神失常或者其他严重后果的。

诈骗数额接近上述规定的"数额巨大"、"数额特别巨大"的标准，并具有前款规定的情形之一或者属于诈骗集团首要分子的，理当分别认定为《刑法》第266条规定的"其他严重情节"、"其他特别严重情节"。

**案例：**

某县村民甲、乙与丙相识。甲、乙以向丙介绍对象为由，三人共同至云南省昆明市，在此期间的路费、食宿费均由丙提供。甲、乙二人给丙介绍了当地的一位姑娘丁，在未到过女方家中了解的情况下，丙遂要家人汇款3万元至甲银行卡，作为结婚礼金，丁随即就与三人一起回到丙家。在丙家中住了两晚之后，丙提出要与丁领结婚证，丁借口外出就再也没有回来。同年底，丙找到甲、乙，二人于是向丙出具了收条，证明代为收取了3万元的结婚礼金，并承诺在120天内为丙介绍对象，否则就退还所收3万元礼金。但甲、乙既未为丙介绍对象，也未退还2万元，丁更是不知所终。后审理查明，此3万元被甲、乙、丙三人均分。

**解析：**

根据《刑法》第266条的规定，诈骗罪是指以非法占有为目的，用虚构事实或者隐瞒真相的方法，骗取数额较大的公私财物的行为。从犯罪构成上看，客体上本案侵害的对象是丙合法的3万元收入；客观要件上，甲、乙、丙三人是以欺骗、捏造事实等方式，以向丙介绍对象为由骗取丙的结婚礼金；主体上甲、乙、丙三人均已达法定刑事责任年龄，具有法定刑事责任能力;主观要件上,甲、乙、丙三人主观方面表现为直接故意,并且具有非法占有财物的目的。故本案甲、乙、丙三人的行为符合诈骗罪的犯罪构成,应以诈骗罪进行处理。

## 二十三、如何区分生产销售假药罪和生产销售劣药罪? 是如何定罪、量刑的?

生产、销售假药罪是指生产者、销售者违反国家药品管理法规,生产、销售假药,足以危害人体健康的行为。

生产假药的行为表现为一切制造、加工、采集、收集假药的活动,销售假药的行为是指一切有偿提供假药的行为。生产、销售假药是两种行为,可以分别实施,也可以既生产假药又销售假药,同时存在两种行为。按照法律关于本罪的客观行为规定,只要具备其中一种行为即符合该罪的客观要求。如果行为人同时具有上述两种行为,仍视为一个生产、销售假药罪,不实行数罪并罚。生产、销售假药足以严重危害人体健康,即符合本罪成立的法定结果,这说明本罪在犯罪形态上属危险犯。生产、销售假药对人体健康造成严重危害的则属结果加重犯,对其处以较重的刑罚。

### 《中华人民共和国药品管理法》

第四十八条 禁止生产(包括配制,下同)、销售假药。

有下列情形之一的,为假药:

(一)药品所含成分与国家药品标准规定的成分不符的;

（二）以非药品冒充药品或者以他种药品冒充此种药品的。

有下列情形之一的药品，按假药论处：

（一）国务院药品监督管理部门规定禁止使用的；

（二）依照本法必须批准而未经批准生产、进口，或者依照本法必须检验而未经检验即销售的；

（三）变质的；

（四）被污染的；

（五）使用依照本法必须取得批准文号而未取得批准文号的原料药生产的；

（六）所标明的适应症或者功能主治超出规定范围的。

## 立案标准：

生产、销售的假药具有下列情形之一的，应当立案：

（一）含有超标准的有毒有害物质的；

（二）不含所标明的有效成分，可能贻误诊治的；

（三）标明的适应症或者功能主治超出规定范围，可能造成贻误诊治的；

（四）缺乏所标明的急救必需的有效成分的。

### 最高人民法院、最高人民检察院
### 《关于办理生产、销售伪劣商品刑事案件具体应用法律若干问题的解释》

第三条　经省级以上药品监督管理部门设置或者确定的药品检验

机构鉴定,生产、销售的假药具有下列情形之一的,应认定为《刑法》第一百四十一条规定的"足以严重危害人体健康":

(一)含有超标准的有毒有害物质的;

(二)不含所标明的有效成分,可能贻误诊治的;

(三)所标明的适应症或者功能主治超出规定范围,可能造成贻误诊治的;

(四)缺乏所标明的急救必需的有效成分的。

生产、销售的假药被使用后,造成轻伤、重伤或者其他严重后果的,应认定为"对人体健康造成严重危害"。

生产、销售的假药被使用后,致人严重残疾,三人以上重伤、十人以上轻伤或者造成其他特别严重后果的,应认定为"对人体健康造成特别严重危害"。

第九条 知道或者应当知道他人实施生产、销售伪劣商品犯罪,而为其提供贷款、资金、账号、发票、证明、许可证件,或者提供生产、经营场所或者运输、仓储、保管、邮寄等便利条件,或者提供制假生产技术的,以生产、销售伪劣商品犯罪的共犯论处。

第十条 实施生产、销售伪劣商品犯罪,同时构成侵犯知识产权、非法经营等其他犯罪的,依照处罚较重的规定定罪处罚。

第十一条 实施《刑法》第一百四十条至第一百四十八条规定的犯罪,又以暴力、威胁方法抗拒查处,构成其他犯罪的,依照数罪并罚的规定处罚。

第十二条 国家机关工作人员参与生产、销售伪劣商品犯罪的,从重处罚。

## 量刑:

《刑法》第141条规定:"生产、销售假药的,处三年以下有期徒刑或者拘役,并处罚金;对人体健康造成严重危害或者有其他严重情节的,处三年以上十年以下有期徒刑,并处罚金;致人死亡或者有其他特别严重情节的,处十年以上有期徒刑、无期徒刑或者死刑,并处罚金或者没收财产。"

根据《刑法》第150条的规定,单位犯生产、销售假药罪的,对单位判处罚金,并对其直接负责的主管人员和其他直接责任人员,按个人犯生产、销售假药罪的法定刑处罚。

## 案例:

甲自2010年6月以来,一直在××市××菜市场旁出售自己用石灰、烧碱、自来水配制的"点痣药水"。2012年6月13日,陆某以人民币8元的价格将一小瓶"点痣药水"卖给被害人乙的侄女丙,丙将该药水交给乙使用。乙在使用该药水后,其面部、腿部、手部等处均被烧伤。经法医鉴定:被害人乙颜面部的损伤构成轻伤。甲所卖的"点痣药水"经药品检验所检验认定为假药。

## 解析:

甲违反国家的药品管理制度,明知是假药而进行制造、销售,并对被害人乙的人体健康造成严重危害,其行为已构成销售假药罪。依照《中华人民共和国药品管理法》第35条的规定,未取得批准文号生产的药品即是假药。甲明知其配制的药水无品名、批准文号而进行销售的行为,就是明知是假药而予以销售的行为,其主观具有直接销售假药的故意;被害人乙使用该药水后脸、手、腿等处发生红肿、化脓、溃烂,对人体造成严重伤害,应以生产、销售假药罪定罪处罚。

**生产、销售劣药罪**

是指违反国家药品管理法规,明知是劣药而进行生产、销售,对人体健康造成严重危害的行为。

**立案标准:**

根据《最高人民检察院公安部关于公安机关管辖的刑事案件立案追诉标准》的规定(一)第 18 条规定:生产(包括配制)、销售劣药,涉嫌下列情形之一的,应予立案追诉:

(一)造成人员轻伤、重伤或者死亡的;

(二)其他对人体健康造成严重危害的情形。

本条规定的"劣药",是指依照《中华人民共和国药品管理法》的规定,药品成分的含量不符合国家药品标准的药品和按劣药论处的药品。

第四十九条 禁止生产、销售劣药。

药品成分的含量不符合国家药品标准的,为劣药。

有下列情形之一的药品,按劣药论处:

(一)未标明有效期或者更改有效期的;

(二)不注明或者更改生产批号的;

(三)超过有效期的;

(四)直接接触药品的包装材料和容器未经批准的;

(五)擅自添加着色剂、防腐剂、香料、矫味剂及辅料的；

(六)其他不符合药品标准规定的。

**量刑标准：**

对人体健康造成严重危害的，处 3 年以上 10 年以下有期徒刑，并处销售金额 50%以上 2 倍以下罚金

后果特别严重的，处 10 年以上有期徒刑或者无期徒刑，并处销售金额 50%以上 2 倍以下罚金或者没收财产

单位犯本罪的，对单位判处罚金，并对其直接负责的主管人员和其他直接责任人员依上述规定处罚

**本罪与生产、销售假药罪的界限**

两罪的区别在于：第一，犯罪对象不同。前者犯罪对象是劣药；后者犯罪对象是假药。第二，犯罪的客观方面的认定标准不同。生产、销售假药罪只要有"足以危害人体健康"的危险状态就能成立；生产、销售劣药罪则要对人体健康造成严重危害才能成立。

**案例：**

自 2008 年 6 月起，甲在没有办理生产销售药品合格证、许可证的情况下，非法生产"好的快"牌劣质清热解毒口服液 5000 余件。然后甲以低于真正的"好的快"牌清热解毒口服液的价格，将贴有××专用商标的劣药"好的快"牌清热解毒口服液销往 10 余个县、市的数十家医院，非法经营额达 50 万余元。在 7 月至 8 月间，多名患者因使用该药，延误了治疗时间，使病情加重，有的患者还因此留下了后遗症。经市药

品检验所对被告人生产的"好的快"牌清热解毒口服液进行抽样检验表明：该药品的成分中，生物碱的含量呈不良反应，总黄酮的含量只有1MG／ML，低于省卫生厅规定的黄酮含量不得低于6MG／ML的标准；每支药液装量也少于规定的标准。

**解析：**

此案中甲以非法占有为目的，违反《国家药品管理法》规定的生产、销售药品成分的含量不符合国家药品标准的劣药，对他人身体健康造成严重危害，符合生产销售劣药罪的构成要件，应以生产、销售劣药罪定罪处罚。

## 二十四、什么是洗钱罪？是如何定罪、量刑的？

洗钱罪，是指明知是毒品犯罪、黑社会性质的组织犯罪、贪污贿赂犯罪、恐怖活动犯罪、走私犯罪、破坏金融管理秩序犯罪、金融诈骗犯罪等的违法所得及其收益，为掩饰、隐瞒其来源和性质，通过存入金融机构、投资或者上市流通等手段使非法所得收入合法化的行为。包括两种含义：一种是将其局限于清洗行为，即掩盖犯罪所得黑钱的犯罪来源，将其换上合法的外衣，这是严格意义上的洗钱；另一种是把经过清洗的钱重新投入合法或基本合法的经济活动之中，这被称为"再投资"。这两种都是《刑法》所规定的洗钱行为。

本罪的表现形式为：

1. 提供资金账户。是指为犯罪人开设银行资金账户或者将现有的银行资金账户提供给犯罪人使用。

2. 协助将财产转为现金或者金融票据。既包括将实物转换为现金或金融票据，也包括将现金转换为金融票据或者将金融票据转换成现金，还包括将此种现金(如人民币)转换为彼种现金(如美元)，将此种金融票据(如外国金融机构出具的票据)转换为彼种金融票据(如中国金融机构出具的票据)。

3. 通过转账或者其他结算方式协助资金转移。

4. 协助将资金汇往境外。

5. 以其他方式掩饰、隐瞒犯罪的违法所得及其收益来源和性质。指其他掩饰、隐瞒犯罪的违法所得及其产生的收益的性质与来源的一切方法，如将犯罪所得投资于某种行业、用犯罪所得购买不动产等。

《最高人民法院发布关于审理洗钱等刑事案件具体应用法律若干问题的解释》还明确了以"其他方法"进行洗钱的六种情形。《解释》规定，具有以下情形之一的，可以认定为《刑法》第191条第一款第(五)项规定的"以其他方法掩饰、隐瞒犯罪所得及其收益的来源和性质"：

1. 通过典当、租赁、买卖、投资等方式，协助转移、转换犯罪所得及其收益的；

2. 通过与商场、饭店、娱乐场所等现金密集型场所的经营收入相混合的方式，协助转移、转换犯罪所得及其收益的；

3. 通过虚构交易、虚设债权债务、虚假担保、虚报收入等方式，协助将犯罪所得及其收益转换为"合法"财物的；

4.通过买卖彩票、奖券等方式,协助转换犯罪所得及其收益的;

5.通过赌博方式,协助将犯罪所得及其收益转换为赌博收益的;

6.协助将犯罪所得及其收益携带、运输或者邮寄出入境的;

7.通过前述规定以外的方式协助转移、转换犯罪所得及其收益的。

本罪在主观方面的表现为故意,即行为人明知自己的行为是在为犯罪违法所得掩饰、隐瞒其来源和性质、为利益而故意为之,并希望这种结果发生。

犯罪故意中"明知"的判断,应当结合犯罪嫌疑人的认知能力,接触他人犯罪所得及其收益的情况,犯罪所得及其收益的种类、数额,犯罪所得及其收益的转换、转移方式以及犯罪嫌疑人的供述等主观、客观因素进行认定。

具有下列情形之一的,可以认定犯罪嫌疑人明知系犯罪所得及其收益,但有证据证明确实不知道的除外:

(1)知道他人从事犯罪活动,协助转换或者转移财物的;

(2)没有正当理由,通过非法途径协助转换或者转移财物的;

(3)没有正当理由,以明显低于市场的价格收购财物的;

(4)没有正当理由,协助转换或者转移财物,收取明显高于市场的"手续费"的;

(5)没有正当理由,协助他人将巨额现金散存于多个银行账户或者在不同银行账户之间频繁划转的;

(6)协助近亲属或者其他关系密切的人转换或者转移与其职业或者财产状况明显不符的财物的;

(7)其他可以认定行为人明知的情形。

## 量刑:

《刑法》第191条 明知是毒品犯罪、黑社会性质的组织犯罪、恐怖活动犯罪、走私犯罪、贪污贿赂犯罪、破坏金融管理秩序犯罪、金融诈骗犯罪的所得及其产生的收益,为掩饰、隐瞒其来源和性质,有下列行为之一的,没收实施以上犯罪的所得及其产生的收益,处五年以下有期徒刑或者拘役,并处或者单处洗钱数额5%以上20%以下罚金;情节严重的,处五年以上十年以下有期徒刑,并处洗钱数额5%以上20%以下罚金:

(1)提供资金账户的;

(2)协助将财产转换为现金或者金融票据的;

(3)通过转账或者其他结算方式协助资金转移的;

(4)协助将资金汇往境外的;

(5)以其他方法掩饰、隐瞒犯罪的违法所得及其收益的性质和来源的。

单位犯前款罪的,对单位判处罚金,并对其直接负责的主管人员和其他直接责任人员,处五年以下有期徒刑或者拘役;情节严重的,处五年以上有期徒刑。

## 案例:

黑社会组织的甲突然找到乙说:"老兄,这一阵子风声很紧,你也知道,以前我制造、贩卖那玩意儿弄了几个钱,深怕有点闪失,枉费了几年的心血,以后也没有了依靠,所以我想让你给帮个忙,给我那几个钱找个保险的方法,也免了我的后顾之忧,即使事发坐牢,也没有什么怕的了。"乙由于跟甲素来以兄弟相称,碍于情面,于是便帮他在银行立了10万元的账户,之后不久案发,甲供述了自己的犯罪及其所得金钱何处,乙也随即被逮捕。

**解析:**

根据我国《刑法》第191条的规定,所谓洗钱罪就是指违反我国金融管理法规,明知是毒品犯罪、黑社会性质的组织犯罪、走私犯罪的违法所得及其所产生的收益,而为其提供资金账户的,协助将财产转换为现金或者金融票据的,通过转账结算方式协助资金转移的,协助资金汇往境外的,或者以其他方法掩饰、隐瞒犯罪的违法所得及其收益的性质和来源的行为。

从本案情况来看,甲与乙素称兄弟,明知其财产是通过毒品犯罪、参加黑社会组织的违法所得,而故意为其提供资金账户,扰乱了金融管理的正常秩序,其行为完全符合洗钱罪的上述条件,应以洗钱罪对乙进行定罪量刑。

## 二十五、什么是信用卡诈骗罪?是如何定罪、量刑的?

信用卡诈骗罪是指以非法占有为目的,违反信用卡管理法规,利用信用卡进行诈骗活动,骗取财物数额较大的行为。利用信用卡,一般是指使用伪造的、作废的信用卡或者冒用他人的信用卡、恶意透支的方法进行诈骗活动。信用卡在该罪中是犯罪工具，而不是犯罪对象。因此，信用卡诈骗罪，简言之就是利用信用卡体现的信用所实施的诈骗犯罪活动。

具体表现为以下几种行为：

1. 使用伪造的信用卡

所谓伪造的信用卡，是指模仿信用卡的质地、模式、版块、图样以及磁条密码等制造出来的信用卡。所谓使用，是指以非法占有他人财物为目的，利用伪造的信用卡，骗取他人财物的行为，包括用伪造的信用卡购买商品、支取现金以及用伪造的信用卡接受各种服务等。

2. 使用作废的信用卡

作废的信用卡，是指根据法律和有关规定不能继续使用的过期的信用卡、无效的信用卡、被依法宣布作废的信用卡和持卡人在信用卡的有效期内中途停止使用，并将其交回发卡银行的信用卡，以及因挂失而失效的信用卡。此外，使用作废的信用卡还包括使用涂改卡。所谓涂改卡是指被涂改过卡号的无效信用卡。这些信用卡本身因挂失或取消而被列入止付名单，但卡上某一个号码被压平后再压上另一个新号码用于逃避黑名单的检索。因此，涂改卡也是伪卡的一个种类。

3. 冒用他人的信用卡

冒用是指非持卡人以持卡人的名义使用持卡人的信用卡而骗取财物的行为。根据我国有关信用卡的规定，信用卡均限于合法的持卡人本人使用，不得转借或转让，这也是各国普遍遵循的一项原则。但是，如果信用卡与身份证合放在一起而同时丢失，则可能给拾得者或窃得者创造冒用的机会。这些拾得者或窃得者在取得他人的信用卡后，可能会利用持卡人发觉遗失之前,或者利用止付管理的时间差,采取冒充卡主身份,模仿卡主签名的手段,到信用卡特约商户或银行购物取款或享受服务,这些都是冒用他人的信用卡进行诈骗犯罪的几种常见情形。法律上规定"冒用他人信用卡",包括以下情形:

(1)拾得他人信用卡并使用的;

(2)骗取他人信用卡并使用的;

(3)窃取、收买、骗取或者以其他非法方式获取他人信用卡信息资料,并通过互联网、通讯终端等使用的;

(4)其他冒用他人信用卡的情形。

4. 进行恶意透支

透支是指在银行设立账户的客户在账户上已无资金或资金不足的情况下,经过银行批准,允许客户以超过其账上资金的额度支用款项的行为。透支实质上是银行借钱给客户。所谓恶意透支,根据《刑法》第一百九十六条第二款的规定,是指信用卡的持卡人以非法占有为目的,超过规定限额或者规定期限透支并且经发卡银行催收后仍不归还的行为。善意透支和恶意透支的本质区别在于行为人在主观上的差异。两者在客观上都是造成了透支,但善意透支的行为人主观上有先用后还的意图,届时归还透支款和利息;恶意透支的行为人透支是为了将透支款占为己有,根本不想偿还或者也没有能力偿还,在行为上采取潜逃的方式躲避债务。

依照《刑法》的规定,行为人除了实施上述4种行为之一以外,还必须具备数额较大的要件。如果数额不大,即使有上述行为,也属违法行为,不构成犯罪。至于什么是"数额较大",目前尚无明确的司法解释,但根据1996年最高人民法院《关于审理诈骗案件具体应用法律的若干问题的解释》的规定,个人诈骗数额较大是指 5000 元以上。信用卡诈骗罪的数额较大的起点可以参照此规定以 5000 元为宜。

有以下情形之一的,应当认定为《刑法》第一百九十六条第二款规定的"以非法占有为目的":

(1)明知没有还款能力而大量透支,无法归还的;

(2)肆意挥霍透支的资金,无法归还的;

(3)透支后逃匿、改变联系方式,逃避银行催收的;

(4)抽逃、转移资金,隐匿财产,逃避还款的;

(5)使用透支的资金进行违法犯罪活动的;

(6)其他非法占有资金,拒不归还的行为。

恶意透支,数额在 1 万元以上不满 10 万元的,应当认定为《刑法》第 196 条规定的"数额较大";数额在 10 万元以上不满 100 万元的,应当认定为《刑法》第 196 条规定的"数额巨大";数额在 100 万元以上的,应当认定为《刑法》第 196 条规定的"数额特别巨大"。

恶意透支的数额,是指在第一款规定的条件下持卡人拒不归还的数额或者尚未归还的数额。不包括复利、滞纳金、手续费等发卡银行收取的费用。恶意透支应当追究刑事责任,但在公安机关立案后人民法院判决宣告前已偿还全部透支款息的,可以从轻处罚,情节轻微的,可以免除处罚。恶意透支数额较大,在公安机关立案前已偿还全部透支款息,情节显著轻微的,可以依法不追究刑事责任。

伪造信用卡,有下列情形之一的,应当认定为《刑法》第 177 条规定的"情节严重":

(1)伪造信用卡 5 张以上不满 25 张的;

(2)伪造的信用卡内存款余额、透支额度单独或者合计数额在 20

万元以上不满 100 万元的；

（3）伪造空白信用卡 50 张以上不满 250 张的；

（4）其他情节严重的情形。

伪造信用卡，有下列情形之一的，应当认定为《刑法》第 177 条规定的"情节特别严重"：

（1）伪造信用卡 25 张以上的；

（2）伪造的信用卡内存款余额、透支额度单独或者合计数额在 100 万元以上的；

（3）伪造空白信用卡 250 张以上的；

（4）其他情节特别严重的情形。

本条所称"信用卡内存款余额、透支额度"，以信用卡被伪造后发卡行记录的最高存款余额、可透支额度计算。

明知是伪造的空白信用卡而持有、运输 10 张以上不满 100 张的，应当认定为《刑法》第 177 条之一第一款第（1）项规定的"数量较大"；非法持有他人信用卡 5 张以上不满 50 张的，应当认定为《刑法》第 177 条之一第一款第（2）项规定的"数量较大"。

有下列情形之一的，应当认定为《刑法》第 177 条之一第一款规定的"数量巨大"：

（1）明知是伪造的信用卡而持有、运输 10 张以上的；

（2）明知是伪造的空白信用卡而持有、运输 100 张以上的；

（3）非法持有他人信用卡 50 张以上的；

（4）使用虚假的身份证明骗领信用卡 10 张以上的；

（5）出售、购买、为他人提供伪造的信用卡或者以虚假的身份证明骗领的信用卡 10 张以上的。

违背他人意愿,使用其居民身份证、军官证、士兵证、港澳居民往来内地通行证、台湾居民来往大陆通行证、护照等身份证明申领信用卡的,或者使用伪造、变造的身份证明申领信用卡的,应当认定为《刑法》第 177 条之第一款第(3)项规定的"使用虚假的身份证明骗领信用卡"。

## 量刑:

《刑法》第 196 条 有下列情形之一,进行信用卡诈骗活动,数额较大的,处五年以下有期徒刑或者拘役,并处二万元以上二十万元以下罚金;数额巨大或者有其他严重情节的,处五年以上十年以下有期徒刑,并处五万元以上五十万元以下罚金;数额特别巨大或者有其他特别严重情节的,处十年以上有期徒刑或者无期徒刑,并处五万元以上五十万元以下罚金或者没收财产:

(1)使用伪造的信用卡的;

(2)使用作废的信用卡的;

(3)冒用他人信用卡的;

(4)恶意透支的。

前款所称恶意透支,是指持卡人以非法占有为目的,超过规定限额或者规定期限透支,并且经发卡银行催收后仍不归还的行为。盗窃信用卡并使用的,依照《刑法》第 264 条的规定定罪处罚。

## 案例:

甲因业务繁忙常委托朋友乙为其存款,一日,甲将刚收到的业务款

5万元现金及信用卡交给乙,要乙代为将该5万元现金存入信用卡内,并将信用卡密码告知了乙。次日,乙依约去银行代为存款时,顺便查询发现该卡内尚有人民币10万元余额,顿生歹意,不仅未将5万元现金存入信用卡,反而将卡内余额10万元取走。事后将该卡返还给甲。数日后,甲持卡到银行取款发现卡内无钱,即要求乙返还人民币15万元,乙拒不返还,导致案发。

**解析:**

信用卡诈骗罪,是指以非法占有为目的,通过使用伪造的或者作废的信用卡、冒用他人信用卡或者恶意透支的方法进行诈骗,数额较大的行为。表现形式为:冒用他人信用卡的;恶意透支的。冒用他人的信用卡指冒充合法持卡人使用信用卡进行诈骗的行为,这里的"他人的信用卡"应以有效为必要前提。"冒用"是指非持卡人擅自以持卡人的名义,使用自己无权而他人有权使用的信用卡。冒用他人信用卡的行为包括:利用代为他人保管信用卡之机而冒用;接受非持卡人转手的信用卡而冒用;我国《刑法》规定罪刑法定,禁止类推,《刑法》已经明确规定冒用他人信用卡使用的构成信用卡诈骗罪,应按特别规定处理。

本案中李某为了达到非法占有他人财物的目的,实施了两个犯罪行为,触犯了两个罪名。一是"秘密窃取"信用卡的10万元存款的行为,构成盗窃罪,二是"冒用"他人信用卡的行为,构成信用卡诈骗罪。这两种犯罪行为中,前者是目的(原因)行为,后者是方法(手段)行为,两者之间具有牵连关系,构成了牵连犯,本案中对牵连犯应从一重罪论处或者从一重罪从重处罚。因为本案中李某冒用他人信用卡取走10万元存款,尽管触犯两个罪名,但是其"冒用"属于信用卡诈骗罪中冒用他人信用卡的情形,除基于《刑法》的特别规定"盗窃信用卡并使用的,应按盗窃罪"之外,任何冒用他人信用卡使用的,都应按信用卡诈骗罪论处,不应按其他罪名论处。

## 二十六、什么是组织、领导、参加黑社会性质组织罪? 是如何定罪、量刑的?

组织、领导、参加黑社会性质的组织罪是指组织、领导和参加以暴力、威胁或者其他手段,有组织地进行违法犯罪活动,称霸一方,为非作恶,欺压、残害群众,严重破坏经济、社会生活秩序的黑社会性质的组织的行为。

组织黑社会性质组织,是指倡导、发起、策划、安排、建立黑社会性质组织。

领导黑社会性质组织,是指在黑社会性质组织中处于领导地位,对该组织的活动进行策划、决策、指挥、协调。

参加黑社会性质组织,是指加入黑社会性质组织,成为其成员,并参加其活动。

所谓黑社会性质组织应当同时具备以下特征:

(1)形成较稳定的犯罪组织,人数较多,有明确的组织者、领导者,骨干成员基本固定;

(2)有组织地通过违法犯罪活动或者其他手段获取经济利益,具有一定的经济实力,以支持该组织的活动;

(3)以暴力、威胁或者其他手段,有组织地多次进行违法犯罪活动,为非作恶,欺压、残害群众;

（4）通过实施违法犯罪活动，或者利用国家工作人员的包庇或者纵容，称霸一方，在一定区域或者行业内，形成非法控制或者重大影响，严重破坏经济、社会生活秩序。

主要特点为：

一是由三人以上组成，其中有组织者、领导者和积极参加者；

二是组织严密，分工明确，形成核心、中心、外圈三个层次；

三是纪律森严，违者格杀勿论；

四是通过各种违法犯罪手段，疯狂地聚敛社会财富，经济实力雄厚；

五是建立势力范围，以获取非法的政治、经济利益为目的；

六是向政府和政法机关进行腐蚀和渗透，贿赂党、政、司法官员，寻找政治靠山，建立保护伞。

本罪属选择性罪名，只要实施组织、领导、积极参加的行为之一的，即构成本罪。组织黑社会性质的组织的，定组织黑社会性质的组织罪，领导黑社会性质的组织的，定领导黑社会性质的组织罪，积极参加黑社会性质的组织的，定积极参加黑社会性质的组织罪。

组织、领导、积极参加、参加黑社会性质组织的行为方式互相转换的认定。在司法实践中，行为人在黑社会性质组织中的角色定位并不是一成不变的，往往存在着互相转换的问题。这种行为方式的互相转换一般表现为以下几种：

（1）行为人既实施黑社会性质组织的组织行为，也实施领导行为；

（2）行为人由一般参加行为转换为积极参加行为；

（3）行为人由积极参加行为转换为领导行为或者组织行为；

(4)行为人由组织者或者领导者沦为积极参加者或者一般参加者；

(5)行为人由积极参加者沦为一般参加者。

由于组织、领导、参加黑社会性质组织罪是选择性罪名，如果行为人只实施了几种行为方式之一的，只以相应的罪名论处。在几种行为方式相互转换的情况下，由于行为人至少跨越了两种以上的行为方式，而这几种行为方式的性质、内容又有所不同，因此，应当按照行为人所具体实施的行为方式确定罪名。

对于参加黑社会性质组织，没有实施其他违法犯罪活动的，或者受蒙蔽、胁迫参加黑社会性质的组织，情节轻微如参加黑社会性质组织后虽有不良行为或者一般性的违法活动但危害不大的，可以不作为犯罪处理。

本罪在主观方面必须有明确的故意，即明知是黑社会性质的组织而积极参加，明知是黑社会性质的组织而组织、领导。如果不了解情况，参加了黑社会性质的组织，事后退出的，可能构成别的罪，而不按本罪追究刑事责任。当然，如果参加时不明知，加入后明知了仍不退出，则应按本罪追究刑事责任。本罪的追求目标是金钱和权力。

## 量刑：

《刑法》第 294 条 组织、领导黑社会性质的组织的，处七年以上有期徒刑，并处没收财产；积极参加的，处三年以上七年以下有期徒刑，可以并处罚金或者没收财产；其他参加的，处三年以下有期徒刑、拘役、管制或者剥夺政治权利，可以并处罚金。犯前三款罪又有其他犯罪行为的，依照数罪并罚的规定处罚。

非罪处理事由："对于参加黑社会性质的组织，没有实施其他违法犯罪活动的,或者受蒙蔽、胁迫参加黑社会性质的组织,情节轻微的,可以不作为犯罪处罚。"

从重处罚事由:"国家机关工作人员组织、领导、参加黑社会性质组织的,从重处罚。"

## 二十七、什么是妨害作证罪? 是如何定罪、量刑的?

妨害作证罪,是指采用暴力、威胁、贿买等方法阻止证人作证或者指使他人作伪证的行为。

具体表现为:

(1)行为人非法劝止、阻止证人依法作证,具体可采用暴力方式如绑架等方法使证人人身自由受到严重限制甚至丧失自由而无法作证;或者以暴力为后盾对证人进行威胁,使证人不敢作证;或者采用金钱、财物或其他利益,或许诺钱财或其他利益使证人不愿作证;或者采用引诱、唆使、劝说来说服证人不要作证。还有利用职务等身份迫使从属部下不要作证,等等。无论采用何种方式,只要主观上具有故意,客观上实施了妨害证人依法作证的行为,妨害了司法机关正常的诉讼活动,就构成妨害作证罪。证人是否被劝止或被阻止而没有作证,或者证人是否接受贿买的金钱、财物,对行为人构成犯罪没有影响。

(2)行为人实施希望他人(不一定是证人)作伪证的行为。行为人具体可用胁迫的手段来实施,可以采用贿买的办法,也可以采用唆使、引诱的方法,还可以采用其他手段如利用职务迫使下属作伪证等。不管采用何种打法、手段,其实质都是一样的,即都是行为人希望他人作伪证,在客观上侵害了司法机关的诉讼活动,因此都是妨害作证的行为,行为人依法构成犯罪。

妨害作证罪是举动犯,只要实施了妨害作证的行为,均构成犯罪,情节严重是妨害作证罪的加重情节。所谓情节严重,主要是指行为人实施的妨害作证行为严重侵害司法机关正常的诉讼活动,甚至使之无法进行;或者采取的手段极其恶劣;或者产生严重的后果,如造成冤、假、错案,或者行为人经批评教育后,仍继续实施妨害作证行为,等等。对于那些妨害作证行为情节显著轻微,危害不大,不能认定构成妨害作证罪。例如证人的亲朋好友怕证人作证后遭报复叫证人不要作证,这种作法虽然是错误的,但是情节轻微,危害不大,不构成妨害作证罪。

凡是年满 16 周岁、具有刑事责任能力的自然人都可以成为妨害作证罪的主体。司法工作人员犯妨害作证罪的,从重处罚。

妨害作证罪在主观方面表现为故意,且为直接故意,犯罪动机可以多种多样,但是不影响罪名的成立。

**妨害作证罪与伪证罪的界限**

这两个罪在客观上都侵犯了国家司法机关正常的司法诉讼活动,都有可能发生在诉讼活动领域,但是两者仍具有明显的差别,主要体现在下列几个方面:

(1)主体不同。妨害作证罪的主体要件是一般主体;伪证罪的主体要件仅限于证人、鉴定人、翻译人、记录人四种,属特殊主体。

(2)主观方面不同。妨害作证罪与伪证罪虽同是直接故意犯罪,但具体罪过内容和犯罪目的不同。前者一般是出于为自己或他人谋利的目的;而后者则出于脱罪的目的。

(3)客观方面不同。妨害作证罪客观方面表现为实施妨害证人依法作证或指使他人作伪证的行为；伪证罪的客观方面则表现为在刑事诉讼中对与案件有重要关系的情节作虚假的陈述。

(4)发生的时间、空间不同。妨害作证罪可以发生在诉讼提起之前,也可以发生在诉讼活动过程中,既可以发生在刑事诉讼活动中,也可以发生往民事、行政诉讼活动中,发案范围较广;伪证罪则只能发生在刑事诉讼活动中,发案范围较窄。

**量刑:**

第307条 以暴力、威胁、贿买等方法阻止证人作证或者指使他人作伪证的,处三年以下有期徒刑或者拘役;情节严重的,处三年以上七年以下有期徒刑。司法工作人员犯前两款罪的,从重处罚。

**案例:**

被告人刘某是受贿人李某的哥哥,2008年7月上旬,在李某受贿案侦查期间,在李某亲友的陪同下,分别找证人田某、钱某调查时,引诱证人提供虚假证言, 并将其搜集的证据材料在县人民法院开庭审理李某受贿案时当庭出示,致使法院没有当庭认定钱某向李某行贿8000元的犯罪事实,妨害了刑事诉讼活动的正常进行。具体如下:田某为了调动和提升职务,两次向李某行贿共计人民币8000元。2008年7月6日晚,刘某在李某的妻弟陪同下找田某调查,当田某说与李某家没有经济往来,送钱是为了调动和提拔时,刘某说"比如小孩儿过生日"、"李某出多少钱"等,使田某做了与李某家有经济往来的虚假陈述,并将田某陈述的送钱是为了调动和提拔改记为是给李某买烟酒和衣服的。被告人刘某将此笔录提交法庭,并据此辩称:此情节属正常人情往来,不是受贿。

**解析:**

被告人刘某在李某受贿一案参与刑事诉讼期间,故意采用语言劝导证人、改记证言内容的手段,引诱证人违背事实,改变原有的不利于李某的证言,致使法庭没有当庭认定钱某向李某行贿8000元的犯罪事实符合妨害作证罪的构成要件,妨碍了刑事诉讼活动的正常进行。其行为已构成妨害作证罪。

## 二十八、如何区分医疗事故罪和非法行医罪? 是如何定罪、量刑的?

**医疗事故罪**

是指医务人员由于严重不负责任,造成就诊人死亡或者严重损害就诊人身体健康的行为。

本罪主体为特殊主体,是达到刑事责任年龄并具有刑事责任能力的实施了违章医疗行为的医务人员。

医务人员是指具有一定医学知识和医疗技能,取得行医资格,直接从事医疗护理工作的人员,包括医院医务人员及经批准的个体行医者。

本罪在主观方面表现为过失,即行为人主观上对病人伤亡存在重大业务过失。在这里,本罪要求行为人主观上存在重大过失,而不是一般过失，即从主观上过失程度之轻重来说，行为人主观上存在严重过失。临床医疗活动本身有特殊的导致人身伤亡的危险性,医务人员稍有不慎即会发生不幸后果,如果把一般过失行为确定为犯罪,于情理上有失公平,于法律上则有失于严苛。

**《最高人民检察院、公安部关于公安机关管辖的刑事案件立案追诉标准的规定》**

第 56 条 医疗事故案 医务人员由于严重不负责任，造成就诊人死亡或者严重损害就诊人身体健康的,应予立案追诉。

具有下列情形之一的,属于本条规定的"严重不负责任"：

(一)擅离职守的;

(二)无正当理由拒绝对危急就诊人实行必要的医疗救治的;

(三)未经批准擅自开展试验性医疗的;

(四)严重违反查对、复核制度的;

(五)使用未经批准使用的药品、消毒药剂、医疗器械的;

(六)严重违反国家法律法规及有明确规定的诊疗技术规范、常规的;

(七)其他严重不负责任的情形。

本条规定的"严重损害就诊人身体健康",是指造成就诊人严重残疾、重伤、感染艾滋病、病毒性肝炎等难以治愈的疾病或者其他严重损害就诊人身体健康的后果。

**量刑：**

《刑法》第 335 条 医务人员由于严重不负责任,造成就诊人死亡或者严重损害就诊人身体健康的,处三年以下有期徒刑或者拘役。

**案例:**

2001 年 12 月 29 日,患者赵某因发热在个体诊所输液,未见好转。次日 17 点左右,赵某因头痛、下腹痛加重,到县医院住院诊治。入院诊断为:发热待诊。入院后医生钱某给予治菌必妥以及其他对症治疗。患者于 19:30 头痛加剧伴恶心、胸闷,给予甘露醇 250 毫升。20:30 出现呼吸困难,不能平卧,考虑左心衰,给予对症处理。21:40 病情明显加重,给予抢救治疗。21:50 患者突然呼吸、心跳停止,抢救无效死亡。尸检报告:心肌炎、心力衰竭。

**解析:**

县、市两级医疗事故鉴定结论为:本病例属于一级甲等医疗事故,医方承担轻微责任。患者的死亡结果主要是患者自身疾病转归的结果。本案中因为患者方仅把患者当作一个"普通感冒"的患者,所以没有遵照医嘱及时到医院住院治疗,没有遵照医嘱及时服药,这一系列疏忽,致使延误有效的诊断治疗时机,对于心肌炎的发展、加重,患者方具有一定责任。在本案中,患者起病急,病情复杂,在这样的紧急情况下,被告人凭借临床经验,先行抗炎、对症治疗,再根据病情调整治疗方案,符合临床常规。本案中钱某显然不存在重大过失。医务人员严重不负责任的情形往往是指有推诿、不予理睬、不积极采取措施等严重不负责任的行为,本案钱某及医院没有上述行为,其对患者的诊疗态度积极,表现在及时收治病人,并给予了积极的救治措施。加之医疗行为没有"造成"患者死亡,即患者死亡与医疗行为没有直接的因果关系,医疗行为存在的过失仅限于"轻微"责任,患者的死亡属于疾病自然转归的结果。因此,被告人的行为没有"严重不负责任"并"造成"患者死亡,不属于《刑法》第335条规定的医疗事故罪的情形,不构成医疗事故罪。

### 非法行医罪

是指未取得医生执业资格的人擅自从事医疗活动,情节严重的行为。

本罪在主观上表现为故意。

客观上必须有擅自从事医疗活动的行为。医疗活动主要是指诊断和治疗,即通过各种检查对疾病做出诊断,借用药物、器械和手术等方法消除疾病、缓解病情、减轻痛苦、延长生命、改善病理或生理状况的活动。擅自从事医疗活动主要有以下几种表现形式:

(1)利用巫术、封建迷信行医。行为人大多不懂医术,略微懂一些医学常识,主要是凭烧香、念经、看手相以及各种封建迷信方式愚弄就诊人。

(2)利用气功行医。气功对某些疾病有一定的疗效,但有些人根本不懂气功,却号称自己的气功如何了得,挂牌行医,骗取钱财。

(3)利用现代仪器进行非法医疗活动。如利用电脑为人诊断病情,开具处方。

(4)非医疗机构超越服务范围进行医疗活动。如一些不具备外科整形手术资格的美容医院,擅自开展医学整容活动。

(5)具备一定医学知识的人擅自开办诊所,进行医疗活动。这类人员一般经过一定的医疗培训,有些已经行医多年,有些甚至曾经在合法的医疗机构依法进行过医疗活动，但在其擅自开办诊所期间没有医师执业证或其所开办的诊所没有"医疗机构执业许可证"。

（6）利用非法行医的手段推销产品。如有些厂家雇佣没有医师执业证的人在公共场合以医生的身份向人介绍产品，并为人诊断病情，开具处方，推荐患者使用该厂家的产品。

擅自从事医疗活动的行为，应达到"情节严重"的程度。《刑法》第336条第1款所规定的"情节严重"属于法定罪情节，而非单纯的量刑情节。

情节严重是指：

（1）造成就诊人轻度残疾、器官组织损伤导致一般功能障碍的

（2）造成甲类传染病传播、流行或者有传播、流行危险的；

（3）使用假药、劣药或不符合国家规定标准的卫生材料、医疗器械，足以严重危害人体健康的；

（4）非法行医被卫生行政部门行政处罚两次以后，再次非法行医的；

（5）其他情节严重的情形。

严重损害就诊人身体健康、造成就诊人死亡是适用较重法定刑的情节。

**立案标准：**

《刑法》第57条 非法行医案 未取得医生执业资格的人非法行医，涉嫌下列情形之一的，应予立案追诉：

（1）造成就诊人轻度残疾、器官组织损伤导致一般功能障碍，或者中度以上残疾、器官组织损伤导致严重功能障碍，或者死亡的；

（2）造成甲类传染病传播、流行或者有传播、流行危险的；

（3）使用假药、劣药或不符合国家规定标准的卫生材料、医疗器械，足以严重危害人体健康的；

（4）非法行医被卫生行政部门行政处罚两次以后，再次非法行医的；

（5）其他情节严重的情形。

具有下列情形之一的，属于本条规定的"未取得医生执业资格的人非法行医"：

（1）未取得或者以非法手段取得医师资格从事医疗活动的；

（2）个人未取得《医疗机构执业许可证》开办医疗机构的；

（3）被依法吊销医师执业证书期间从事医疗活动的；

（4）未取得乡村医生执业证书，从事乡村医疗活动的；

（5）家庭接生员实施家庭接生以外的医疗活动的。

本条规定的"轻度残疾、器官组织损伤导致一般功能障碍"、"中度以上残疾、器官组织损伤导致严重功能障碍"，参照卫生部《医疗事故分级标准（试行）》认定。

**量刑：**

犯本罪的，处三年以下有期徒刑或者拘役。

**案例：**

被告人王某在 20 年前曾自学针灸，乡亲们腰酸腿痛时常让他扎几针，但他始终没有取得医生执业资格。2007 年 5 月王某又开始在本乡街上趁逢集时占片空地行起医来。同年 10 月 9 日上午 12 时许,同乡 53 岁的村民李某因患有气管炎让王某针灸。王在地上铺了塑料布让李坐下,用毫针照李的颈部、前胸部扎了几针,并拔了火罐。在针灸过程中,李某感到疼痛、难受、出汗、口渴,王某给李某吃了几片药,仍未见好转,后被他人送往医院,经抢救无效于当日死亡。王某随即到县公安局某派出所自首。经法医鉴定:李某系被针灸时诱发自发性气胸(张力性气胸),引起呼吸循环衰竭而死亡。在本案侦查阶段,王某赔偿被害人家属经济损失 35000 元。

**解析**:

被告人王某未取得医生执业资格而非法行医,造成了被害人死亡的严重后果,其行为已构成非法行医罪。鉴于被告人在案发后能主动到公安机关投案自首,并能积极赔偿被害人家属的经济损失,依法可以从轻处罚。未取得医生执业资格的人非法行医,造成就诊人死亡的,处十年以上有期徒刑,并处罚金。本案被告人王某明知自己未取得医生执业资格而长期非法行医,此次在给就诊人治病时,连续在李某的颈部、胸部进行针灸,致使李某诱发自发性气胸,引起呼吸循环衰竭而死亡。王某的行为完全符合非法行医罪的构成要件,应以非法行医罪追究其刑事责任。

附录:

## 最高人民法院量刑规范化的指导意见

## 第一章　总则

**第一条**　为规范法官的自由裁量权,防止量刑失衡,实现惩罚和预防犯罪的目的,根据《中华人民共和国刑法》、《江苏省高级人民法院量刑指导规则(试行)》等有关规定,结合南京市刑事审判量刑实践,制定本意见。

**第二条**　量刑时,应当体现宽严相济的刑事政策,保障刑罚功能的充分发挥和刑罚目的的有效实现。

**第三条**　对被告人依法判处刑罚,应当符合犯罪的社会危害性和被告人的人身危险性,与被告人的罪行及其应当承担的刑事责任相适应。

**第四条**　基准刑是指对已确定适用一定幅度法定刑的个罪,在排除各种法定和酌定情节的情况下,仅依其一般既遂状态的犯罪构成的基本事实而应判处的刑罚。

**第五条**　量刑要素的提取、量刑要素的适用规则、个别刑罚适用原则等依照《江苏省高级人民法院量刑指导规则(试行)》相关规定执行。

**第六条**　在刑罚适用时,应遵守《江苏省高级人民法院量刑指导规则(试行)》及本意见的相关规定,遵守相关量刑平衡机制,努力实现不同法院、不同法官对案件事实基本相同的被告人作出的量刑结果基本平衡。

**第七条**　合议庭、审判委员会讨论相关案件量刑时,应当遵循本意见确定的规则。

**第八条**　裁判文书应阐明量刑理由,以增加量刑的透明性,促进审判公开,《意见》作为内部规定,不得在裁判文书中公开引用。

第九条 死刑、财产刑的适用及对未成年被告人的量刑,依照上级人民法院发布的专门司法解释及相关意见执行。

第十条 本意见如与上级人民法院新的司法解释、规定不一致的,应按照上级法院新的司法解释、规定执行。

## 第二章 分则

## 第一节 故意伤害罪

第十一条 量刑基准的确定

[三年以下有期徒刑、拘役、管制的量刑基准]

故意伤害致人轻伤的,基准刑为有期徒刑一年六个月。

[三年以上十年以下有期徒刑的量刑基准]

故意伤害他人身体致人重伤,尚未达到残疾标准的,基准刑为有期徒刑四年。

故意伤害他人身体致人重伤,造成被害人 10 级伤残的,基准刑为有期徒刑四年六个月,每增加 1 级残疾等次,基准刑增加六个月。

[十年以上有期徒刑的量刑基准]

故意伤害他人身体,以特别残忍手段致人重伤造成被害人 6 级以上(含 6 级)伤残的,基准刑为有期徒刑十一年,每增加 1 级残疾等次,基准刑增加一年。

[无期徒刑的量刑基准]

故意伤害他人身体,以特别残忍手段致人重伤造成被害人 2 级以上(含 2 级)伤残的,基准刑为无期徒刑。

故意伤害他人身体致人死亡的,基准刑为无期徒刑。

**第十二条 分格原则**

基准刑为三年以下有期徒刑的,量刑格为 3 个月。

基准刑为三年以上有期徒刑的,量刑格为 6 个月。

**第十三条 量刑情节的适用**

〔从重情节〕

1. 有累犯情节的,可以在 1–3 个量刑格内从重处罚。

2. 致被害人轻伤时,具有下列情形之一的,可以在 1–2 个量刑格内从重处罚:

(1)致被害人轻伤偏重的;

(2)致被害人多处轻伤或者致二人以上(含二人)轻伤的。

3. 致被害人重伤时,具有下列情形之一的,可以在 1–3 个量刑格内从重处罚:

(1)致被害人重伤但未达到残疾标准时,属于重伤偏重的;

(2)致被害人多处重伤或者致二人以上(含二人)重伤的。

4. 具有下列情形之一的,可以在 1–2 个量刑格内从重处罚:

(1)有预谋持械或者持枪并伤人的;

(2)手段残忍或者动机卑劣的。

5. 致被害人轻伤,被告人有赔偿能力但拒不赔偿的,可以在 1 个量格内从重处罚;致被害人重伤,被告人有赔偿能力但拒不赔偿的,可以在 1–2 个量刑格内从重处罚。

6. 具有下列情形之一的,可以在 1 个量刑格内从重处罚:

(1)被告人有过错且被害人无过错的;

（2）曾因殴打他人,被治安处罚2次以上的。

〔从轻、减轻情节〕

1. 基准刑为三年以下有期徒刑,致被害人轻伤偏轻的,可以在1–3个量刑格内从轻处罚。

基准刑为三年以上有期徒刑,致被害人重伤偏轻的,可以在1–2个量刑格内从轻处罚。

2. 被害人有过错的,可以在1–3个量刑格内从轻处罚;基准刑为十年以上有期徒刑的,可以在1–5个量刑格内从轻处罚。

3. 被告人全部赔偿或者大部分赔偿被害人经济损失的,可以在1–3个量刑格内从轻处罚。

被告人与被害人达成和解且得到被害人谅解的,可以在2–5个量刑格内从轻处罚;被害人系轻伤(轻伤偏轻)、被告人认罪态度较好且无其他法定从重情节的,可以考虑管制或者免予刑事处罚。

4. 有自首情节的,可以在2–4个量刑格内从轻处罚或者减轻处罚;基准刑为三年以下有期徒刑且犯罪较轻的,可以考虑拘役、管制或者免予刑事处罚。

5. 有立功表现的,可以在1–3个量刑格内从轻处罚或者减轻处罚。

有重大立功表现的,可以减轻处罚;基准刑为三年以下有期徒刑且犯罪较轻的,可以考虑拘役、管制或者免予刑事处罚。

既有自首又有重大立功表现的,应当减轻处罚;基准刑为三年以下有期徒刑,可以考虑免予刑事处罚、管制或者拘役。

6. 犯罪后积极抢救被害人的,可以在1–2个量刑格内从轻处罚。

7. 具有坦白、认罪态度较好或者亲属间因家庭琐事而致人伤害的,可以在 1–2 个量刑格内从轻处罚。

8. 具有法定可以减轻处罚情节，认罪态度较好，被告人赔偿被害人经济损失且得到被害人谅解，若无其他法定从重情节，基准刑为三年以下有期徒刑的，可以考虑判处拘役、管制或者免除处罚；基准刑为三年以上有期徒刑的，一般应当减轻处罚。

9. 被告人有 2 个以上法定从轻、减轻情节或虽只有 2 个情节，其中之一为应当减轻情节的；没有其他妨碍从轻、减轻处罚情节的，可以考虑跨法定刑幅度减轻处罚或者适用免予刑事处罚，该情形应由审委会讨论决定，基层法院并需向市法院汇报，由市法院统一、平衡。

## 第二节　抢劫罪

第十四条　量刑基准的确定

〔三年以上十年以下有期徒刑的量刑基准〕

抢劫一次，基准刑为有期徒刑四年。

抢劫二次，基准刑为有期徒刑六年。

抢劫取得财物，数额超过 2000 元，基准刑增加六个月；每增加数额 1500 元，基准刑增加六个月。

〔十年以上有期徒刑、无期徒刑的量刑基准〕

根据刑法第二百六十三条，有下列情形之一的，基准刑为有期徒刑十一年：

1. 入户抢劫的；

2. 在公共交通工具上抢劫的；

3. 抢劫银行或者其他金融机构的；

4. 多次抢劫或者抢劫数额巨大的；

5. 抢劫致人重伤的；

6. 冒充军警人员抢劫的；

7. 持枪抢劫的；

8. 抢劫军用物资或者抢险、救灾、救济物资的。

多次抢劫并且数额巨大的，基准刑为有期徒刑十二年。

入户抢劫并且数额巨大的，基准刑为有期徒刑十二年。

除上述情形外，同时具有两种以上刑法第二百六十三条规定的情形的，基准刑为有期徒刑十三年。

抢劫取得财物数额巨大，超过 1 万元以上的，每增加 5 万元，基准刑增加一年。

抢劫多次，次数超过 6 次的，基准刑增加一年；次数超过 10 次的，基准刑增加一年六个月。

具有以下情节的，基准刑为无期徒刑：

1. 抢劫致人重伤，且造成被害人 6 级以上（含 6 级）严重伤残的；

2. 抢劫致二人以上重伤的；

3. 同时具有两种以上刑法第二百六十三条规定的情形的，并造成恶劣社会影响的；

4. 同时具有三种以上刑法第二百六十三条规定的情形的；

5. 抢劫数额达 20 万元以上，且同时具有刑法第二百六十三条规定的其他情形之一（不含多次）或造成恶劣社会影响的。

**第十五条 分格原则**

基准刑为有期徒刑的，量刑格均为 6 个月。

第十六条 量刑情节的适用

〔从重情节〕

1. 具有下列情形之一的,可以在 2-3 个量刑格内从重处罚:

(1)在遭受灾害时实施抢劫的;

(2)在预防、控制突发传染病疫情等灾害期间,聚众"打砸抢",毁坏或者抢走公私财物的首要分子,以抢劫罪论处的。

2. 绑架过程中又当场劫取被害人随身携带财物,同时触犯绑架罪与抢劫罪,若择一重罪以抢劫罪论处的,可以在 2-3 个量刑格内从重处罚。

3. 以违禁品为目标实施抢劫,劫得的违禁品达到非法持有该违禁品应予追诉的数量标准的,可以在 1-3 个量刑格内从重处罚。

4. 抢劫致人轻微伤的,每增加轻微伤一人,可以在 1 个量刑格内从重处罚;抢劫致人轻伤的,每增加一人,可以在 1-2 个量刑格内从重处罚;抢劫致人伤残的,每增加一人,可以在 1-3 个量刑格内从重处罚。麻醉抢劫对人身体造成伤害的,每增加一人,可以在 1 个量刑格内从重处罚。(以上若有重叠,则选择一个较重的幅度,不重复计算。)

5. 持械抢劫的,可以在 2-3 个量刑格内从重处罚。

6. 具有下列情形之一的,可以在 1-2 个量刑格内从重处罚:

(1)对实施强奸等其他暴力犯罪后当场劫取被害人财物构成抢劫罪的;

(2)对受害人为未成年人、老人、残疾人等法律、法规予以特殊保护的群体实施抢劫犯罪的;

(3)驾驶机动车夺取他人财物,以抢劫罪论处的;

（4）三人以上结伙抢劫的；

（5）有预谋抢劫、流窜作案或者有其他恶劣情节的。

7. 累犯，可以在2-4个量刑格内从重处罚。

〔从轻、减轻情节〕

1. 有自首情节的，可以在2-4个量刑格内从轻处罚或者减轻处罚。犯罪事实或者犯罪嫌疑人未被司法机关发觉或者虽被发觉但犯罪嫌疑人尚未受到讯问、未被采取强制措施时主动、直接投案自首，没有其他从重情节的，一般可予减轻处罚。

2. 有立功表现的，可以在1-3个量刑格内从轻处罚或者减轻处罚。有重大立功表现的，一般可以减轻处罚。

3. 犯罪未遂的，可以在2-4个量刑格内从轻处罚。暴力程度较低，未造成实际损害的，一般可予减轻处罚。

4. 被告人系初犯，认罪态度较好，如自愿认罪，适用简易程序或普通程序简化审，或如实供述司法机关尚未掌握的罪行，可以在1个量刑格内从轻处罚。如供述的是同种较重余罪，一般应当在1-2个量刑格内从轻处罚。

5. 具有下列情形之一的，可以在1-2个量刑格内从轻处罚：

（1）被告人主动赔偿被害人经济损失的；

（2）转化型抢劫，仅以暴力或语言相威胁的；

（3）积极预缴财产刑的。

6. 具有下列情形之一的，可以在1个量刑格内从轻处罚：

（1）共同犯罪分子到案后，揭发同案犯共同犯罪事实的；

（2）被告人协助司法机关追回赃款、赃物的。

7. 被告人有 2 个以上法定从轻、减轻情节或虽只有 2 个情节,其中之一为应当减轻情节的;没有其他妨碍从轻、减轻处罚情节的,可以考虑跨法定刑幅度减轻处罚或者适用免予刑事处罚,该情形应由审委会讨论决定,基层法院并需向市法院汇报,由市法院统一、平衡。

## 第三节　盗窃罪

**第十七条　量刑基准的确定**

〔免予刑事处罚的量刑基准〕

因生活困难所迫,盗窃少量财物或盗窃近亲属、邻居等少量财物,案发后能积极退赔全部或大部分赃物,得到被害人谅解的,基准刑为免予刑事处罚。

〔拘役、管制、单处罚金的量刑基准〕

盗窃数额 1000 元以上不满 2000 元;盗窃自行车的价值难以确定,但已达 5 辆以上;扒窃数额达到 600 元以上;盗窃农户的家禽、家畜等生产、生活资料,虽然未达到"数额较大标准",但情节恶劣、后果严重,以盗窃罪论处的,基准刑为罚金刑或管制刑。

盗窃数额未达到起诉标准,但一年内入户盗窃或者在公共场所扒窃 3 次以上,以盗窃罪论处的,基准刑为拘役刑。

盗窃数额不满 5000 元,犯罪行为未造成实际损失,能够实际交纳罚金,无法定从重情节,又具有下列情形之一的,可以考虑单独适用罚金刑:

(1)具有法定从轻、减轻情节的;

(2)初犯、偶犯,认罪、悔罪态度较好的。

〔三年以下有期徒刑的量刑基准〕

盗窃数额 1000 元以上不满 2000 元,有下列情形之一的,基准刑为有期徒刑六个月:

(1)扒窃或流窜作案的;

(2)惯犯。

盗窃数额 2000 元以上不满 1 万元的,犯罪数额 2000 元,基准刑为有期徒刑六个月,每增加犯罪数额 1000 元,基准刑增加三个月。

盗窃数额满 800 元,并具有下列情形之一的,可以依法追究其刑事责任,基准刑为有期徒刑六个月,每增加一个情形,基准刑增加六个月:

(1)以破坏性手段盗窃造成公私财产损失的;

(2)盗窃残疾人、孤寡老人或者丧失劳动能力人的财物的;

(3)教唆未成年人盗窃;服刑或劳教期间,缓刑、假释考验期间内或者监外执行期间盗窃;因盗窃免予刑事处罚后二年内又盗窃的;

(4)造成严重后果或者具有其他恶劣情节的。

盗窃增值税专用发票或者可以用于骗取出口退税、抵扣税款的其他发票 25 份以上不满 50 份的,基准刑为管制刑;50 份以上不满 100 份的,基准刑为拘役刑;100 份以上不满 250 份的,盗窃 100 份的基准刑为有期徒刑六个月,每增加 30 份,基准刑增加六个月。

〔三至十年有期徒刑的量刑基准〕

盗窃数额为 1 万元以上 6 万元以下的,犯罪数额 1 万元,基准刑为有期徒刑三年六个月,每增加犯罪数额 4000 元,基准刑增加六个月。

盗窃数额 1000 元以上不满 1 万元,具有下列情形之一,可以认定为情节严重的,基准刑为有期徒刑三年六个月:

（1）犯罪集团的首要分子或者共同犯罪中情节严重的主犯；

（2）盗窃金融机构的；

（3）导致被害人死亡、精神失常或者其他严重后果的；

（4）造成其他重大损失的。

盗窃数额 1000 元以上不满 1 万元，并具有下列情形之一，可以认定为情节严重的，基准刑为有期徒刑三年：

（1）流窜作案危害严重的；

（2）犯罪数额达 7000 元以上的累犯；

（3）盗窃救灾、抢险、防汛、扶贫、移民、救济、医疗款物，造成严重后果的；

（4）盗窃生产资料，严重影响生产的。

〔十年以上有期徒刑的量刑基准〕

盗窃数额 6 万元，基准刑为有期徒刑十年六个月，每增加犯罪数额 4 万元，基准刑增加六个月。

盗窃数额 1 万元以上不满 6 万元，并具有下列情形之一的，可以认定为情节特别严重的，基准刑为有期徒刑十年六个月：

（1）犯罪集团的首要分子或者共同犯罪中情节严重的主犯；

（2）盗窃金融机构的；

（3）导致被害人死亡、精神失常或者其他严重后果的；

（4）造成其他重大损失的。

盗窃数额 1 万元以上不满 6 万元，并具有下列情形之一，可以认定为情节特别严重的，基准刑为有期徒刑十年：

（1）流窜作案危害严重的；

（2）犯罪数额达 5 万元以上的累犯；

（3）盗窃救灾、抢险、防汛、扶贫、移民、救济、医疗款物，造成严重后果的；

（4）盗窃生产资料，严重影响生产的。

[无期徒刑的量刑基准]

盗窃数额 50 万元以上，且同时具有最高人民法院《关于审理盗窃案件具体应用法律若干问题的解释》第六条第（三）项规定的第 1.2.5.8 种情形之一或第 3.4.6.7 中二种以上情形的，基准刑为无期徒刑。

盗窃数额 100 万元以上，基准刑为无期徒刑。

**第十八条 分格原则**

基准刑为三年以下有期徒刑的，量刑格为 3 个月。

基准刑为三年以上有期徒刑的，量刑格为 6 个月。

**第十九条 量刑情节的适用**

〔从重情节〕

1. 具有下列情形之一的，可以在 2－4 个量刑格内从重处罚：

（1）累犯；

（2）教唆未满十八周岁的人犯罪的教唆犯；

（3）犯罪集团的首要分子或共同犯罪中情节严重的主犯；

（4）盗窃金融机构的；

（5）流窜作案危害严重的；

（6）导致被害人死亡、精神失常或者其他严重后果的；

（7）盗窃救灾、抢险、防汛、优抚、扶贫、移民、救济、医疗款物，造成严重后果的；

(8)盗窃生产资料,严重影响生产的;

(9)造成其他重大损失的。

2. 具有下列情形之一的,可以在 1-2 个量刑格内从重处罚:

(1)曾因违法犯罪被治安处罚或判刑等前科劣迹的;

(2)将犯罪所得用于吸毒、赌博等违法犯罪活动的;

(3)入户盗窃或者破坏性盗窃的;

(4)携带凶器盗窃的;

(5)盗窃生活、学习、生产、治病急需款或者外国人财物造成较大后果或者影响的;

(6)犯罪数额已达到数额巨大、特别巨大情形中的多次盗窃的。

〔从轻、减轻情节〕

1. 限制责任能力人、又聋又哑的人或盲人、未成年人犯罪的,一般可以在 1-3 个量刑格内从轻处罚。

2. 共同犯罪系从犯的,可以在 2-4 个量刑格内从轻处罚或者减轻处罚,基准刑为二年以下有期徒刑且无法定从重情节的,可以考虑拘役、管制、罚金或者免予刑事处罚。

3. 犯罪未遂的,可以在 2-4 个量刑格内从轻处罚或者减轻处罚。

4. 有自首情节的,可以在 2-4 个量刑格内从轻处罚或者减轻处罚;基准刑为三年以下有期徒刑且犯罪较轻的,可以考虑拘役、管制、罚金或者免予刑事处罚。

5. 有立功表现的,可以在 1-3 个量刑格内从轻处罚或者减轻处罚。

有重大立功表现的,可以减轻处罚;基准刑为三年以下有期徒刑且犯罪较轻的,可以考虑拘役、管制、罚金或者免予刑事处罚。

6. 具有下列情形之一的,可以在 1–2 个量刑格内从轻处罚:

(1)刚成年的在校生或其他涉世不深的被告人;

(2)基于生活、学习救急或治病等目的而盗窃的;

(3)基于公益目的而盗窃的;

(4)共同犯罪中作用相对较小的(未区分主从犯);

(5)盗窃他人遗忘物、亲属财物或家庭财物的;

(6)犯罪后在案发前自动将赃物放回原处或返还被害人的;

(7)案发前主动交还赃物或案发后全部退赃或部分退赃的。

7. 有下列情形之一的,可以在 1–2 个量刑格内从轻处罚:

(1)临时起意、顺手牵羊的;

(2)以偷还偷的;

(3)检举他人的违法行为的;

(4)主动供述同种较重罪行或者供述同种余罪的;

(5)认罪态度好且适用普通程序简化审或者简易程序的。

8. 被告人有 2 个以上法定从轻、减轻情节或虽只有 2 个情节,其中之一为应当减轻情节的;没有其他妨碍从轻、减轻处罚情节的,可以考虑跨法定刑幅度减轻处罚或者适用免予刑事处罚,该情形应由审委会讨论决定,基层法院并需向市法院汇报,由市法院统一、平衡。

第二十条 其 他

〔缓刑适用但书〕

有下列情形之一的,不适用缓刑:

(1)扒窃或者跨县、市流窜作案的;

(2)惯犯;

（3）未全部或者大部分退赃的；

（4）未主动接受财产刑处罚的；

（5）盗窃作案在 10 次以上；

（6）以破坏性手段盗窃造成公私财产损失的；盗窃残疾人、孤寡老人或者丧失劳动能力人的财物造成严重后果或者具有其他恶劣情节的。

（7）具有最高人民法院《关于审理盗窃案件具体应用法律若干问题的解释》第六条第（三）项规定的"其他严重情节"。

第（3）、（4）项规定的情形，未成年犯除外。

# 第四节　贩卖毒品罪

**第二十一条　量刑基准的确定**

〔三年以下有期徒刑、拘役、管制的量刑基准〕

贩卖毒品基准刑为有期徒刑六个月，贩卖海洛因数量每增加 1 克，基准刑增加三个月。

〔三年以上七年以下有期徒刑的量刑基准〕

贩卖海洛因 7 克，基准刑为有期徒刑三年，贩卖海洛因每增加 1 克，基准刑增加一年。

对于认定多人多次情节严重的，严格把握，要结合其所贩卖毒品的数量及贩卖毒品的次数，予以认定。

〔七年以上有期徒刑的量刑基准〕

贩卖海洛因 10 克，基准刑为有期徒刑七年，贩卖海洛因数量每增加 10 克，基准刑增加二年。

〔十五年有期徒刑、无期徒刑的量刑基准〕

贩卖海洛因 50－200 克,基准刑为有期徒刑十五年(贩卖海洛因 100-200 克有从重情节,无从轻情节的,考虑判处无期徒刑。

贩卖海洛因 200－300 克,基准刑为无期徒刑。

**第二十二条 分格原则**

基准刑为三年以下有期徒刑的,量刑格为 3 个月。

基准刑为三年以上七年以下有期徒刑的,量刑格为 6 个月。

基准刑为七年以上十五年以下有期徒刑的,量刑格为 1 年。

**第二十三条 量刑情节的适用**

〔从重情节〕

1.具有下列情形之一的,可以在 1－3 个量刑格内从重处罚:

(1)累犯;

(2)毒品再犯。

2.基准刑为七至十五年有期徒刑,具有下列情形之一的,可以在 1-2 个量刑格内从重处罚:

(1)涉及向多人或者多次贩卖毒品的;

(2)国家工作人员贩卖毒品的;

(3)在戒毒、监管场所贩卖毒品的;

(4)有组织地进行涉毒犯罪活动的;

(5)利用、教唆未成年人贩卖毒品的;

(6)医务工作者利用职务之便贩卖毒品的。

贩卖海洛因 100-200 克,有上述情节,且无从轻情节的,可以判处无期徒刑。

〔从轻、减轻情节〕

1. 共同犯罪系从犯的,比照主犯所应判法定刑减轻一格处罚,主犯量刑应为三年以下有期徒刑的,可以考虑管制或者免予刑事处罚。

共同犯罪系从犯,且有重大立功表现或自首情节的,可以比照主犯减轻两格处罚;主犯量刑应在七年以下有期徒刑的,可以考虑管制或者免予刑事处罚。

2. 共同犯罪系胁从犯的,应比照从犯在 1~2 个量刑格内从轻处罚。

3. 犯罪未遂的,应比照既遂犯在 1~2 个量刑格内从轻处罚。如犯罪涉及的毒品数量接近起点刑规定数量的,可以考虑减轻处罚。

4. 有立功表现的,可以在 1~2 个量刑格内从轻处罚。基准刑为有期徒刑六个月,无其他从重情节的,可以考虑判处缓刑、拘役或者管制。

有重大立功表现的,除贩卖毒品数量极大,应当适用死刑立即执行的,可以从轻处罚外,其余应减轻处罚(下一个法定刑的上限一格[2]);基准刑为二年以下有期徒刑的可以考虑判处缓刑、拘役、管制或者免予刑事处罚。

5. 有自首情节,基准刑为有期徒刑六个月,无其他从重情节的,可以考虑判处缓刑、拘役、管制;基准刑为三年、七年、十五年(数量刚达到某一法定刑的),可以考虑减轻处罚;其余可以在 1~3 个量刑格内从轻处罚。

有部分自首情节的,可根据其自首的毒品数量在被告人贩卖的毒品总数量中所占比重予以从轻处罚。若自首数量占贩卖的毒品总数量的 80% 以上,且贩卖的毒品总数量刚达到某一法定刑的,可以考虑减轻处罚。

有准自首情节的,一般选择在1-2个量刑格内从轻处罚。

犯罪后自首又有重大立功表现的,基准刑在五年以下有期徒刑的可以考虑免予刑事处罚或判处缓刑。减轻一格处罚的,一般选择下一个法定刑的下限一格。

6. 贩卖毒品犯罪中存在犯意引诱的,可以减轻处罚;存在数量引诱的,应当在1-3个量刑格内从轻处罚。

7. 具有下列情形之一的,可以在1-2个量刑格内从轻处罚:

(1)交代同种较重余罪的(可以根据被告人交代的毒品数量所占贩卖毒品总数量的比重从轻处罚);

(2)受人雇佣贩卖毒品的。

8. 具有下列情形之一的,可以在1个量刑格内从轻处罚:

(1)认罪态度好或者积极交纳财产刑的;

(2)毒品含量低的;

(3)大部分毒品尚未流入社会或者被告人以贩养吸的。

9. 被告人有2个以上法定从轻、减轻情节或虽只有2个情节,其中之一为应当减轻情节的;没有其他妨碍从轻、减轻处罚情节的,可以考虑跨法定刑幅度减轻处罚或者适用免予刑事处罚,该情形应由审委会讨论决定,基层法院并需向市法院汇报,由市法院统一、平衡。

## 第五节 受贿罪

### 第二十四条 量刑基准的确定

[免予刑事处罚的量刑基准]

受贿数额5000元以上不满1万元,犯罪后确有悔改表现,积极退赃的,基准刑为免予刑事处罚。

[一年以上十年以下有期徒刑的量刑基准]

一年以上五年以下有期徒刑的量刑基准

受贿数额不满 5 万元的,基准刑为有期徒刑三年。

五年以上七年以下有期徒刑的量刑基准

受贿数额不满 5 万元,具有 3 次以上索贿或给国家造成经济损失 50 万元以上情节的,基准刑为有期徒刑五年,每增加 3 次索贿或经济损失 50 万元的,基准刑增加一年。

具体个案是否具有 "情节严重" 情形, 可判处七至十年有期徒刑的,一般由审委会讨论决定。

[五年以上十年以下有期徒刑的量刑基准]

受贿数额 5 万元以上,不满 10 万元的,基准刑为有期徒刑六年。

具体个案是否具有"情节特别严重"的情形,可判处无期徒刑的,一般由审委会讨论决定。

[十年以上十五年以下有期徒刑的量刑基准]

受贿数额 10-20 万元,基准刑为有期徒刑十年;

受贿数额 20-50 万元,基准刑为有期徒刑十一年;

受贿数额 50-100 万元,基准刑为有期徒刑十二年;

受贿数额 100-150 万元,基准刑为有期徒刑十三年;

受贿数额 150-200 万元,基准刑为有期徒刑十四年;

受贿数额 200-300 万元,基准刑为有期徒刑十五年。

[无期徒刑的量刑基准]

受贿数额达 150 万元，同时具有索贿（索贿数额应占犯罪总额的 30%以上）、拒不退赃、给国家造成 50 万元以上经济损失的,基准刑为无期徒刑。

受贿数额达 300 万元,有上述三个量刑情节之一的,基准刑为无期徒刑。

受贿数额达 500 万元,基准刑为无期徒刑。

**第二十五条 分格原则**

基准刑为五年以下有期徒刑的,量刑格为 6 个月。

基准刑为五年以上有期徒刑的,量刑格为 1 年。

**第二十六条 量刑情节的适用**

[从重情节]

1. 具有下列情形之一的,可以在 1–2 个量刑格内从重处罚:

（1）索贿的;

（2）累犯;

（3）因受贿而造成生命、财产重大损失的。

2. 具有下列情形之一的,可以在 1 个量刑格内从重处罚:

（1）拒不退赃的;

（2）因受贿行为曾受过党纪、政纪处分的;

（3）共同犯罪主犯的犯罪手段狡猾恶劣的;

（4）受贿后又参与、支持其他犯罪活动的;

（5）订立攻守同盟,销毁罪证的。

[从轻、减轻情节]

1. 自首情节

（1）犯罪事实未被发觉，主动投案自首的；犯罪事实已被发觉，但尚未受到讯问、未被采取强制（双规）措施，主动投案自首的；犯罪事实尚未发觉，纪检、监察、检察机关因形迹可疑或调查取证需要，找行为人教育、盘问或取证，行为人如实交代自己犯罪事实的，视为自首的；纪检、监察、检察机关已经发觉的事实不构成犯罪，而行为人又交代纪检、监察、检察机关不掌握的其他犯罪事实的，应视为自首情形的。

①基准刑为一至五年有期徒刑的，可以考虑适用缓刑或免予刑事处罚。

②基准刑为五至十年有期徒刑的，一般选择减轻处罚，减轻处罚所影响的刑罚量，一般情况下是下一个法定刑幅度上限的一格（即四至五年有期徒刑），可以再视情慎重决定是否适用缓刑。

③基准刑为十至十五年有期徒刑的，一般选择减轻处罚，减轻处罚所影响的刑罚量，一般情况下是下一个法定刑幅度上限的一格，（即八至十年有期徒刑），如同时具有其他酌定从轻处罚情节，最多可以减至五年有期徒刑。

④基准刑为无期徒刑的，一般选择减轻处罚，减轻处罚所影响的刑罚量，一般情况下是下一个法定刑幅度上限的一格（即十三至十五年有期徒刑）。

（2）纪检、监察、检察机关已经发觉行为人的犯罪事实，行为人交代的事实与纪检、监察、检察机关掌握的事实性质不同的自首；犯罪后逃跑，在被通缉、追捕过程中，主动投案自首的。

①基准刑为一至五年有期徒刑，如同时具有其他法定或酌定从轻

处罚情节之一的,可以考虑适用缓刑;

②基准刑为五至十年有期徒刑的,一般选择在 1-2 个量刑格内从轻处罚。如同时具有其他 1 个法定从轻或同时具有 2 个以上酌定从轻情节的,可以考虑适用缓刑。

③基准刑为十至十五年有期徒刑的,一般选择在 1-2 个量刑格内从轻处罚。但如果受贿数额不满 30 万元的,并同时具有其他 1 个法定从轻或同时具有 2 个以上酌定从轻情节的,可以考虑减轻处罚,减轻处罚所影响的刑罚量,一般情况下是下一个法定刑幅度上限的一格(即八至十年有期徒刑)。

④基准型为无期徒刑的,一般选择减轻处罚,减轻处罚所影响的刑罚量,一般情况下是下一个法定刑幅度上限的一格(如十三至十五年有期徒刑)。

2. 立功表现

(1)一般立功。可以参照[自首]部分第 2 项的量刑规则。

(2)重大立功。可以参照〔自首〕部分第 1 项的量刑规则。

适用立功表现量刑情节从宽处罚的幅度,应略小于自首量刑情节。

3. 退赃表现

(1)出于真诚悔罪或听闻其他与本人犯罪无关联的人员被查处,而畏罪退赃的,可以在 1-2 个量刑格内从轻处罚。

(2)因知晓与本人犯罪有一定关联的人员被查处而退赃的,可以在 1 个量刑格内从轻处罚。

(3)案发后由本人或家属代为积极退赃的,能配合司法机关追赃的,可以在 1 个量刑格内从轻处罚。

（4）全部及大部分退赃情形,按上述 3 项规定处理;部分退赃情形可以按照从轻幅度略低原则比照上述 3 项规定处理。

4. 有下列情形之一的,可以在 1–2 个量刑格内从轻处罚:

（1）积极预缴财产刑的;

（2）被告人认罪,适用简易程序或普通程序简化审的;

（3）被告人将收受的财物以个人名义或单位名义用于救灾、扶贫、希望工程等社会公益性捐赠活动的。

5. 坦　白

（1）交代同种较重余罪,可以在 1–2 个量刑格内从轻处罚。

（2）交代同种余罪,可以在 1 个量刑格内从轻处罚。

6. 具有下列情形之一的,可以在 1 个量刑格内从轻处罚:

（1）共同犯罪分子到案后,揭发同案犯罪共同犯罪事实的;

（2）案发前主动将收受的款物上缴廉政账户的;

（3）私下将赃款、赃物用于公务支出的。

**第二十七条　其　他**

〔缓刑但书〕

除按照《江苏省高级人民法院量刑指导规则》(试行)第二十四条规定,及最高人民法院《关于对贪污、受贿、挪用公款犯罪分子依法正确适用缓刑的若干规定》第三条规定的情形外,有下列情形之一的,不适用缓刑:

（1）索贿 3 次以上,且总金额在 5 万元以上;

（2）违法所得未退出的;

（3）因受贿行为给国家造成较大经济损失的;

（4）犯贪污、挪用公款、受贿三种犯罪中的数罪的；其他还犯有二种以上犯罪的。

〔跨幅度减轻处罚〕

被告人有 2 个以上法定从轻、减轻情节或虽只有 2 个情节，其中之一为应当减轻情节的；没有其他妨碍从轻、减轻处罚情节的，可以考虑跨法定刑幅度减轻处罚或者适用免予刑事处罚，该情形应由审委会讨论决定，基层法院并需向市法院汇报，由市法院统一、平衡。


附录二：


# 最高人民法院关于办理减刑、假释案件
# 具体应用法律若干问题的规定

（2011 年 11 月 21 日最高人民法院审判委员会第 1532 次会议通过）

为正确适用刑法、刑事诉讼法，依法办理减刑、假释案件，根据刑法、刑事诉讼法和有关法律的规定，制定本规定。

**第一条** 根据刑法第七十八条第一款的规定，被判处管制、拘役、有期徒刑、无期徒刑的犯罪分子，在执行期间，认真遵守监规，接受教育改造，确有悔改表现的，或者有立功表现的，可以减刑；有重大立功表现的，应当减刑。

**第二条** "确有悔改表现"是指同时具备以下四个方面情形：认罪悔罪；认真遵守法律法规及监规，接受教育改造；积极参加思想、文化、职业技术教育；积极参加劳动，努力完成劳动任务。

对罪犯在刑罚执行期间提出申诉的，要依法保护其申诉权利，对罪犯申诉不应不加分析地认为是不认罪悔罪。

罪犯积极执行财产刑和履行附带民事赔偿义务的，可视为有认罪悔罪表现，在减刑、假释时可以从宽掌握；确有执行、履行能力而不执行、不履行的，在减刑、假释时应当从严掌握。

**第三条** 具有下列情形之一的，应当认定为有"立功表现"：

（一）阻止他人实施犯罪活动的；

（二）检举、揭发监狱内外犯罪活动，或者提供重要的破案线索，经查证属实的；

（三）协助司法机关抓捕其他犯罪嫌疑人（包括同案犯）的；

（四）在生产、科研中进行技术革新，成绩突出的；

（五）在抢险救灾或者排除重大事故中表现突出的；

（六）对国家和社会有其他贡献的。

**第四条** 具有下列情形之一的,应当认定为有"重大立功表现":

（一）阻止他人实施重大犯罪活动的;

（二）检举监狱内外重大犯罪活动,经查证属实的;

（三）协助司法机关抓捕其他重大犯罪嫌疑人（包括同案犯）的;

（四）有发明创造或者重大技术革新的;

（五）在日常生产、生活中舍己救人的;

（六）在抗御自然灾害或者排除重大事故中,有特别突出表现的;

（七）对国家和社会有其他重大贡献的。

**第五条** 有期徒刑罪犯在刑罚执行期间,符合减刑条件的,减刑幅度为:确有悔改表现,或者有立功表现的,一次减刑一般不超过一年有期徒刑;确有悔改表现并有立功表现,或者有重大立功表现的,一次减刑一般不超过二年有期徒刑。

**第六条** 有期徒刑罪犯的减刑起始时间和间隔时间为:被判处五年以上有期徒刑的罪犯,一般在执行一年六个月以上方可减刑,两次减刑之间一般应当间隔一年以上。被判处不满五年有期徒刑的罪犯,可以比照上述规定,适当缩短起始和间隔时间。

确有重大立功表现的,可以不受上述减刑起始和间隔时间的限制。

有期徒刑的减刑起始时间自判决执行之日起计算。

**第七条** 无期徒刑罪犯在刑罚执行期间,确有悔改表现,或者有立功表现的,服刑二年以后,可以减刑。减刑幅度为:确有悔改表现,或者有立功表现的,一般可以减为二十年以上二十二年以下有期徒刑;有重大立功表现的,可以减为十五年以上二十年以下有期徒刑。

**第八条** 无期徒刑罪犯经过一次或几次减刑后,其实际执行的刑期不能少于十三年,起始时间应当自无期徒刑判决确定之日起计算。

**第九条** 死刑缓期执行罪犯减为无期徒刑后,确有悔改表现,或者有立功表现的,服刑二年以后可以减为二十五年有期徒刑;有重大立功表现的,服刑二年以后可以减为二十三年有期徒刑。

死刑缓期执行罪犯经过一次或几次减刑后,其实际执行的刑期不能少于十五年,死刑缓期执行期间不包括在内。

死刑缓期执行罪犯在缓期执行期间抗拒改造,尚未构成犯罪的,此后减刑时可以适当从严。

**第十条** 被限制减刑的死刑缓期执行罪犯,缓期执行期满后依法被减为无期徒刑的,或者因有重大立功表现被减为二十五年有期徒刑的,应当比照未被限制减刑的死刑缓期执行罪犯在减刑的起始时间、间隔时间和减刑幅度上从严掌握。

**第十一条** 判处管制、拘役的罪犯,以及判决生效后剩余刑期不满一年有期徒刑的罪犯,符合减刑条件的,可以酌情减刑,其实际执行的刑期不能少于原判刑期的二分之一。

**第十二条** 有期徒刑罪犯减刑时,对附加剥夺政治权利的期限可以酌减。酌减后剥夺政治权利的期限,不能少于一年。

**第十三条** 判处拘役或者三年以下有期徒刑并宣告缓刑的罪犯,一般不适用减刑。

前款规定的罪犯在缓刑考验期限内有重大立功表现的,可以参照刑法第七十八条的规定,予以减刑,同时应依法缩减其缓刑考验期限。拘役的缓刑考验期限不能少于二个月,有期徒刑的缓刑考验期限不能少于一年。

**第十四条** 被判处十年以上有期徒刑、无期徒刑的罪犯在刑罚执行期间又犯罪,被判处有期徒刑以下刑罚的,自新罪判决确定之日起二年内一般不予减刑;新罪被判处无期徒刑的,自新罪判决确定之日起三年内一般不予减刑。

**第十五条** 办理假释案件,判断"没有再犯罪的危险",除符合刑法第八十一条规定的情形外,还应根据犯罪的具体情节、原判刑罚情况、在刑罚执行中的一贯表现,罪犯的年龄、身体状况、性格特征,假释后生活来源以及监管条件等因素综合考虑。

**第十六条** 有期徒刑罪犯假释,执行原判刑期二分之一以上的起始时间,应当从判决执行之日起计算,判决执行以前先行羁押的,羁押一日折抵刑期一日。

**第十七条** 刑法第八十一条第一款规定的"特殊情况",是指与国家、社会利益有重要关系的情况。

**第十八条** 对累犯以及因故意杀人、强奸、抢劫、绑架、放火、爆炸、投放危险物质或者有组织的暴力性犯罪被判处十年以上有期徒刑、无期徒刑的罪犯,不得假释。

因前款情形和犯罪被判处死刑缓期执行的罪犯,被减为无期徒刑、有期徒刑后,也不得假释。

**第十九条** 未成年罪犯的减刑、假释,可以比照成年罪犯依法适当从宽。

未成年罪犯能认罪悔罪,遵守法律法规及监规,积极参加学习、劳动的,应视为确有悔改表现,减刑的幅度可以适当放宽,起始时间、间隔时间可以相应缩短。符合刑法第八十一条第一款规定的,可以假释。

前两款所称未成年罪犯,是指减刑时不满十八周岁的罪犯。

**第二十条** 老年、身体残疾(不含自伤致残)、患严重疾病罪犯的减刑、假释,应当主要注重悔罪的实际表现。

基本丧失劳动能力、生活难以自理的老年、身体残疾、患严重疾病的罪犯,能够认真遵守法律法规及监规,接受教育改造,应视为确有悔改表现,减刑的幅度可以适当放宽,起始时间、间隔时间可以相应缩短。假释后生活确有着落的,除法律和本解释规定不得假释的情形外,可以依法假释。

对身体残疾罪犯和患严重疾病罪犯进行减刑、假释,其残疾、疾病程度应由法定鉴定机构依法作出认定。

**第二十一条** 对死刑缓期执行罪犯减为无期徒刑或者有期徒刑后,符合刑法第八十一条第一款和本规定第九条第二款、第十八条规定的,可以假释。

**第二十二条** 罪犯减刑后又假释的间隔时间,一般为一年;对一次减去二年有期徒刑后,决定假释的,间隔时间不能少于二年。

罪犯减刑后余刑不足二年,决定假释的,可以适当缩短间隔时间。

**第二十三条** 人民法院按照审判监督程序重新审理的案件,维持原判决、裁定的,原减刑、假释裁定效力不变;改变原判决、裁定的,应由刑罚执行机关依照再审裁判情况和原减刑、假释情况,提请有管辖权的人民法院重新作出减刑、假释裁定。

**第二十四条** 人民法院受理减刑、假释案件,应当审查执行机关是否移送下列材料:

（一）减刑或者假释建议书；

（二）终审法院的裁判文书、执行通知书、历次减刑裁定书的复制件；

（三）罪犯确有悔改或者立功、重大立功表现的具体事实的书面证明材料；

（四）罪犯评审鉴定表、奖惩审批表等；

（五）其他根据案件的审理需要移送的材料。

提请假释的，应当附有社区矫正机构关于罪犯假释后对所居住社区影响的调查评估报告。

人民检察院对提请减刑、假释案件提出的检察意见，应当一并移送受理减刑、假释案件的人民法院。

经审查，如果前三款规定的材料齐备的，应当立案；材料不齐备的，应当通知提请减刑、假释的执行机关补送。

**第二十五条** 人民法院审理减刑、假释案件，应当一律予以公示。公示地点为罪犯服刑场所的公共区域。有条件的地方，应面向社会公示，接受社会监督。公示应当包括下列内容：

（一）罪犯的姓名；

（二）原判认定的罪名和刑期；

（三）罪犯历次减刑情况；

（四）执行机关的减刑、假释建议和依据；

（五）公示期限；

（六）意见反馈方式等。

**第二十六条** 人民法院审理减刑、假释案件，可以采用书面审理的

方式。但下列案件,应当开庭审理:

(一)因罪犯有重大立功表现提请减刑的;

(二)提请减刑的起始时间、间隔时间或者减刑幅度不符合一般规定的;

(三)在社会上有重大影响或社会关注度高的;

(四)公示期间收到投诉意见的;

(五)人民检察院有异议的;

(六)人民法院认为有开庭审理必要的。

**第二十七条** 在人民法院作出减刑、假释裁定前,执行机关书面提请撤回减刑、假释建议的,是否准许,由人民法院决定。

**第二十八条** 减刑、假释的裁定,应当在裁定作出之日起七日内送达有关执行机关、人民检察院以及罪犯本人。

**第二十九条** 人民法院发现本院或者下级人民法院已经生效的减刑、假释裁定确有错误,应当依法重新组成合议庭进行审理并作出裁定。